人権Q&Aシリーズ 2

ケアと人権

HUMAN RIGHTS Q&A SERIES 2
CARE AND HUMAN RIGHTS

編著
宿 谷 晃 弘
宇田川 光 弘
河 合 正 雄

共著
赤 間 祐 介　　堤　　英 俊
石 戸　　充　　成 定 洋 子
江 連　　崇　　野 田 健 二
岡 部 雅 人　　原 口 友 輝
佐 藤 雄 一 郎　増 田　　隆
高 橋 雅 人　　松 村 芳 明
瀧 上 佳 子　　安 原 陽 平
竹 原 幸 太　　山 辺 恵 理 子
土 屋 明 広

成文堂

はじめに

　わたしたち人間は，ひとりでは生きていけません。病気やけがをしたときだけでなく，日々の暮らしの中でも，わたしたちはいろいろなひとたちの支えを必要としています。たとえば，仕事や人間関係，将来のことなどについて思い悩むとき，家族や友人などの一言がわたしたちをどれほど支えてくれることでしょうか。そもそも，わたしたちが日々口にする食事はだれが作っているでしょうか。あるいは，部屋の中，お風呂，トイレなどをだれがきれいにしているでしょうか──そういった，ひとつひとつのことの積みかさねが，ケアという言葉でいいあらわされていることなのです。このように，ケアとは，わたしたちにとって，本当に身近なことがらなのです。この，人権Q＆Aシリーズでは，できるだけ身近で，かつ大切な話題を人権とのかかわりあいで考えていくということをモットーに，今回は，ケアと人権について考えてみることにしました。

　しかし，ケアと人権の関係について，ここで注意しなければならないことがあります。支えあいだよ，助けあいだよ，すばらしいことなんだよ，というだけでは，解決しないどころか，むしろだれかを傷つけたり，なんらかの負担を一方的に押しつけたりすることになってしまう場合があります。たとえば，家族の面倒や食事の世話の負担──これは，現在，まっとうに評価されているといえるでしょうか。あるいは，みなさんもニュースで耳にすることと思いますが，介護をしているひとがされるひとを殺してしまう場合などもあります。このような事件は，家族なのにけしからん，といって済む問題でしょうか。

　この本は，ケアの大切さだけでなく，ケアが人権の観点からみてかかえている問題についても深く考えていきたいという思いのもとに書かれています。もちろん，この本では，たとえば，犯罪の被害にあわれたひとたちや介護をうけているひとたちのなまのニーズなどのように，ケアという言葉が，人権という言葉ではあまりふれられてこなかったことがらにひかりをあてていることにも大いに注目していますし，さらには，ケアということについて

災害支援や国際社会をも視野にいれて広く考えることにもチャレンジしています。しかし、この本を書くにあたって、わたしたち執筆者一同は、ケア（ということば、あるいはその考え方？）がもつ問題点についても真剣に考えてみようとしました。これは、ただ、すばらしい、すばらしいというだけでなく、あらゆるもの事がかならず抱えている問題点にも注目することによって、そのもの事のすばらしい部分を開花させることができると考えたからに他なりません。すばらしい部分、よりのばしていくべき部分についての記述、および問題点の指摘——この2つが、この本を支える軸となっています。

　話しあい、また原稿を書いている間にも、わたしたちの胸の内には、このたびの大震災によって傷ついた多くのひとたち、そして、それらのひとたちを支えようと、いままさにあちらこちらを行き来しているひとたちのことが思い起こされていました。わたしたちは、なによりも、これらのひとたちにこの本を届けたいと考えています。

　この本を出すにあたり、成文堂社長阿部耕一氏、同取締役土子三男氏に大変お世話になりました。また、同編集部の篠崎雄彦氏には、なにからなにまで本当にお世話になりました。執筆者一同、心より感謝申し上げつつ、筆を置かせていただきます。

　　2013年7月

　　　　　　　　　　　　　　　　　　　　　　　執　筆　者　一　同

目　次

はじめに…………………………………………………………… i

第1章　ケアについて …………………………………………… 1

1. ケアとは？　教育・福祉哲学の観点から ………………… 3
   (1) ケアの意味　3
   (2) ケアと人権の関係　4
2. ケアとは？　法学の観点から …………………………… 6
   (1) ケアと法制度　6
   (2) ケアと人権　6
   (3) どのような人権を主張するの？　7
   (4) 法律の枠組み　9
   (5) 「医行為」とはなにか？　10
   (6) 介護保険のしくみ　11
   (7) 行政の責任　12
   (8) 行政の不作為に対する救済手段　13
   (9) 行政の行為による不利益　14
3. 社会権とケア …………………………………………… 15
   (1) ケアと社会権　15
   (2) 自己責任と自己決定　16
   (3) ケアと「労働者」　18
4. 国際社会とケア ………………………………………… 19
   (1) 国際社会とケア・人権とのつながりって？　19
   (2) 国際社会とケアの問題を考えるとき，注意すべきこと　23

≪子ども・教育とケア≫

第2章　問題行動をめぐる生徒指導とケア 27

1．毅然とした生徒指導：ゼロトレランス 29
- (1) なぜゼロトレランスなのか？ 29
- (2) ゼロトレランスの具体例 30

2．ゼロトレランスの問題点 31
- (1) 問題行動をなくすための管理指導 31
- (2) 加害生徒・被害生徒をともにケアする生徒指導 32

第3章　人権教育とケア 35

1．人権教育の目標と指導方法 37
- (1) 人権教育の目標 37
- (2) 人権教育の指導方法 38

2．小さい子どもへの人権教育 39

3．人権教育の課題 40

第4章　スクールカウンセラー 43

1．教育現場の「いま」 45
- (1) 子どもたちの「いま」 45
- (2) 教師たちの「いま」 46
- (3) スクールカウンセラーの導入 47

2．スクールカウンセラーの役割 47
- (1) スクールカウンセラーの特徴と仕事 48
- (2) スクールカウンセラーの資格 49
- (3) 効果と課題 49

第5章　特別支援教育 51

1．特別支援教育とは 53
- (1) 特殊教育から特別支援教育へ 53
- (2) 現行の特別支援教育 54

2．ケアの視点から見た特別支援教育の課題 …………………… 54
 (1) 教師に障害についての知識や理解が不足している場合 55
 (2) 教師が障害特性や「支援の型」にとらわれすぎている場合 56
3．人権の視点から見た特別支援教育の課題 …………………… 57
 (1) 障害のある子どもの平等権 57
 (2) 障害のある子どもの学習権・発達権 58
 (3) 障害のある子どもの平等権と学習権・発達権の同時保障に向けて 58

≪社会的弱者とケア≫

第6章　女性の被害とケア ……………………………………… 61

1．女性の被害 ………………………………………………………… 63
 (1) DV とは 63
 (2) DV とデート DV の現状 63
2．DV の被害者に女性が多い背景と要因 ………………………… 64
 (1) 性別役割による力関係 64
 (2) 二重規範 64
3．DV の被害に対する法的ケア …………………………………… 65
 (1) DV の法的ケアの現状 65
 (2) DV の法的ケアの問題点と課題 66
4．DV の被害のためのよりよいケアに向けて …………………… 67
 (1) 二次的被害 67
 (2) ケアする人とケアされる人との間の力関係 68
 (3) 経験を語ることと聞くこと 68

第7章　高齢者医療 ……………………………………………… 69

1．患者の希望と家族の希望 ………………………………………… 71
2．能力の判定にあたって …………………………………………… 71
3．患者をベッドに縛り付けてもよいか …………………………… 72
 (1) 医療・介護の現場と判決 72

(2) 考え方　73
　4．終末期における治療の中止・差し控えについて……………74
　　(1) 終末期の医療決定をめぐる現状　74
　　(2) 治療の中止・差し控えをめぐる問題　75
　　(3) 在宅で終末期を迎える場合　75

第8章　高齢者の被害と加害 …………………………… 77

　1．高齢者の被害について―高齢者虐待を中心に―…………79
　　(1) 高齢者虐待について　79
　　(2) 虐待の状況と行政機関の責務　80
　2．高齢者虐待への対応………………………………………81
　　(1) 家で養護する人による虐待の場合　81
　　(2) 施設で養護する人による虐待の場合　82
　3．高齢者の犯罪………………………………………………83
　　(1) 概要　83
　　(2) 受刑者における高齢者の特質　84
　　(3) 社会復帰における高齢者の特質　84

第9章　障害者とケア …………………………………… 85

　1．障害とは？　障害者のケアにおいて
　　　気をつけるべきこと ……………………………………87
　　(1) 障害とは　87
　　(2) 障害者のケアで気をつけるべきこと　88
　2．障害者のケアと法…………………………………………89
　　(1) 障害者基本法　89
　　(2) 身体障害者福祉法など　90
　　(3) 障害者虐待防止法と医療観察法　90
　　(4) 障害者雇用促進法　91
　3．障害者総合支援法について………………………………92
　　(1) 総合支援法ができるまで　92
　　(2) 総合支援法の概要　93

第10章　受刑者の社会復帰 …………………………………… 95

1．刑務所の中 ……………………………………………………… 97
  (1) 刑務所の目的　97
  (2) 改善指導　98
  (3) 刑務所の中でのケア──知的障がいのある受刑者を例に──　98
2．刑務所を出てから ……………………………………………… 99
  (1) 更生保護施設　100
  (2) 身の回りの人からの理解　101
  (3) 資格制限　101

第11章　自殺とケア ………………………………………………… 103

1．自殺はどうなっている？　その原因は？ ………………… 105
  (1) いま，どうなっている？　105
  (2) なぜ，人は自殺するのか？
      ──自殺と社会のむすびつき──　105
2．自殺への，国などのとり組み ……………………………… 106
  (1) 社会みんなでとり組む必要があること　107
  (2) 自殺対策基本法など
      ──国および地方公共団体のとり組み──　108
  (3) 過労自殺と法　109

≪災害とケア≫

第12章　災害支援──行政 ………………………………………… 111

1．災害に対して行政はなにをするべきか …………………… 113
  (1) 災害発生から復興完了まで　113
  (2) 行政による公助のあらまし　114
2．被災者に対する行政の支援 ………………………………… 115
  (1) 災害が発生した直後の応急的な対応　115
  (2) 被災者の申請が必要な支援　116

3．被災者の住まいをどうやって確保するか……………………… *117*
　　　(1) 自力で確保する　*117*
　　　(2) 行政が提供する　*117*
　　　(3) 被災者生活再建支援法による住宅再建支援　*118*
　　4．地域社会の復興と住民……………………………………………… *119*
　　　(1) 復旧と復興のちがい　*119*
　　　(2) 抜本的な改造か，被災者の復興か　*119*

第13章　災害支援——民間 …………………………………………… *121*

　　1．いろいろな民間の支援活動と
　　　　それらの長所・短所について………………………………… *123*
　　　(1) 支援活動の種類　*123*
　　　(2) 民間の支援活動の長所と短所　*124*
　　2．支援のための豆知識…………………………………………………… *125*
　　3．「燃えつきない」ために……………………………………………… *128*

第14章　災害と法的責任 ……………………………………………… *131*

　　1．災害の発生と刑事責任……………………………………………… *133*
　　　(1) 刑罰の目的　*133*
　　　(2) 責任主義　*134*
　　　(3) 刑罰を科すことの意義　*135*
　　2．災害の発生と法人の刑事責任…………………………………… *136*
　　　(1) 法人の犯罪能力　*136*
　　　(2) 法人処罰規定　*137*
　　3．災害と行政の責任…………………………………………………… *138*
　　　(1) 自然に由来する災害　*138*
　　　(2) 人工物に由来する災害　*139*

≪国際社会とケア≫

第15章 国際犯罪とケア ……………………………… 141

1. 国際犯罪とは？ 国際刑事裁判所（ICC）とは？ ……… 143
   (1) 国際犯罪とは？ 143
   (2) ICCとは？ 144
2. ICCと被害者の権利 ……………………………… 146
3. 子ども兵とそのケア
   ―加害者でもあり，被害者でもある子ども兵― ……… 147

第16章 真実委員会 ……………………………………… 151

1. 真実委員会とは？ ………………………………… 153
2. 事例について
   ―アルゼンチン・南アフリカ・東ティモール― ……… 154
   (1) アルゼンチンの場合 155
   (2) 南アフリカの場合 155
   (3) 東ティモールの場合 156
3. 刑事裁判との関係 ………………………………… 157

第17章 国際支援 ………………………………………… 161

1. 国際支援の特徴 …………………………………… 163
2. 国際支援の最近の傾向 …………………………… 164
   (1) 開発援助とガバナンス 164
   (2) 人間の安全保障 165
3. 国際的な人権問題への対応 ……………………… 166
4. キャリアとしての国際支援 ……………………… 167

第18章 国際支援/協力（民間） ……………………… 169

1. 民間の国際支援とその長所・短所 ……………… 171
   (1) 民間の国際支援の特徴 171
   (2) 長所と短所 172

2．国際支援をするためには……………………………………173
　(1)　準備しておくことなど　*173*
　(2)　注意すべきこと　*174*

事項索引……………………………………………………………*177*

第1章　ケアについて

1．ケアとは？　教育・福祉哲学の観点から

(1) **ケアの意味**

> **Q1** 1990年代の，とりわけ阪神・淡路大震災より，「ケア」という言葉をよく耳にします。それ以降，災害や重大事件などが起こると必ず「心のケア」が問題にされていますが，そもそも「ケア」とは何なのでしょうか？
>
> **A1** ケアは，他者に対して心を馳せ，その思いに基づいて実際の行動を取るまでの，一連のいとなみを表します。したがって，ケアという言葉は，そもそも日本語では言いあらわしにくいものです。時に「配慮」と訳され，別の時には「世話」などと訳されることがあるのは，感情の働きとそれに基づく実際的あるいは身体的な働きを切り離さずに捉える広がりのある言葉であるからといえます。端的に言えば，ケアとは，相手を一人のかけがえのない固有の人間として見つめ，その人が自分の力で生きる/成長する能力を信頼する一方で，その人が生をまっとうするために必要な手助けとは何かに耳を傾けながら，時に手を差しのべることをいいます。

　あらゆるものがケアの対象になりますが，たとえば，子ども（⇒2・3・4・5章），高齢者（⇒7・8章），障害者（⇒5・9章），犯罪被害者（⇒6・8・10章），被災者（⇒12・13・14章），さらにはケアするひと（⇒13・18章）や国際社会における被害者（⇒15・16章）などへのケアは，専門性が必要とされる場合が多く，ケアする側とされる側との関係性に困難が生じてしまう場合があることから，多くの議論がなされています。（なお，本書では人へのケアのみ取り上げますが，ケアの対象は人間だけでなく，主義主張のケアや記憶のケアなどといった事柄も議論されています。）

　深刻な災害や事故，事件に見舞われた人は，場合によってはそれを機に生活や世界観が一変してしまうわけですから，非常に大きな不安感や喪失感，悲しみの感情を抱きます。そのため，カウンセラーなどの専門職がその方た

ちのケアに当たることはとても重要で、そうした意味の「心のケア」という言葉が報道等で多く使われています。しかし、ケアというのはそもそも、専門家と専門的なケアを受ける人の関わりに限られたものではありません。乳幼児を想い世話する「母」の果たす役割がしばしばケアの象徴として捉えられるように、ケアはごく日常的ないとなみの中にみられるだけでなく、まさにそうしたいとなみから生まれた概念です。但し、専門家ではない日常的な人と人の関わりにおいては特に、その関わりが閉じたものになってしまうと人間の生や成長にマイナスの作用を及ぼすことも少なくありませんので、はば広い人たちが（時と場合によっては専門家も含めて）ケアにあたることが重要といえます。さらに、一方が一方をケアするという構図を固定的に捉えてしまうことも、危険性をはらんでいます。物理的には一方的にケアされる側である人（子ども、患者、被介護者など）も、精神的な側面などにおいては援助する人をケアしていることも多いですし、ケアする人とケアされる人がともに何かしらの受容や働きかけをしてこそ、ケアの関係は成り立ち得るといえるのです。

(2) ケアと人権の関係

Q2 「ケア」というと個人への関わりをイメージするため、普遍的な人間の権利を意味する「人権」と概念的にどのように結びつくのか、わかりません。「ケア」と「人権」は結びつくのでしょうか？

A2 事実、ケアは目の前の個別具体的な人（人たち、事柄）に向けた心と身体の動きを指すことが一般的で、「人が生まれながらに保有し、他人に譲り渡すことのできない権利」といった人権の概念とは視点が違った概念であるといえるでしょう。しかし、視点が違うからこそ対立する点もあれば、補い合う点もあります。

まず、ケアは人のニーズ（必要）に応えることを注目します。そしてこの際に焦点となるニーズが個別具体的であるからこそ、それに応えようとする人は大変に心を砕き、時に身体的・経済的・倫理的に無理をしてでも対応しようとしがちです。こうした状況は、行き過ぎると、ケアする人の幸福という

視点,そして社会全体の幸福という観点から見ても,望ましいとは言えなくなります。実際,家族を介護する人や,孤独に子育てをする人,さらには専門の介護者や医療従事者もが,身体的にも精神的にも深刻に疲弊してしまうケースが日本社会全体で後を絶ちません。「ケアする者へのケア」の必要性が様々な場面で叫ばれているのには,こうした背景があります。

　一方,ケアされる人が自分の力で生きる/成長する能力を,ケアする側の人が信頼できず,過度に保護しようとしてしまうケースもあります。そうした場合,ケアされる側の権利が侵害され,幸福が実現されないという事態が生じやすくなります。過干渉の親とその子どもの関係は,一般的にイメージしやすいところでしょう。また,高齢者介護などにおいても,ケアする側の利便や効率などの意味での幸福を追求しすぎると,ケアされる側が本来自分の力でできたはずの生き方・成長を阻害してしまい,その人の人権を侵害することにもなりかねません。これらの例における心や身体の働きをケアと呼んでよいのかどうかは議論の余地のあるところですが,少なくとも,物理的なケアをする人とされる人の間には実際にこうした幸福の阻害や人権の侵害といった問題が生じてしまうことがある,ということは言えるでしょう。

　こうした状況に陥ってしまった際,あるいは陥らないようにするためには,人権の意識をケアと併せて持つことが重要となります。子どもや障害者,病人ですと自分自身の意思をうまく伝えられない場合が多くあります。また,ケアされるという役割が固定化されやすい人は,ケアされていることを負い目に感じて自分自身の主張を口にすることをとまどってしまうことが少なくありません。ケアする側もまた,困難を抱えた人を前に自身の幸福を追求することにとまどいを感じてしまいがちです。それでも,健全な関係を構築・維持するためには,すべての人が持つ最低限侵害されてはならない権利というもの意識しなければなりません。そうした意味で,ケアのいとなみは,すべての人が持つ人権という視点を土台とする必要があるのです。

　一方で,人権という概念だけでは議論が行き詰ったり,実際に何をどうすればよいのかがわからないという状況もあるでしょう。たとえば,低所得者の救済のための予算が人権の観点から下りたとしましょう。この時,その予算が実際にどれだけ個々の低所得者の救済に貢献できるかは,担当部署などの人間が,どれほどそれぞれの対象者の状況に耳を傾け,ニーズを理解し,

それぞれのニーズにかなった支援を行うかにかかっています。こうした一連のいとなみは，いわゆる専門家による医療としてのケアでもなければ，家族内のケアとも異なりますが，それでもなお，ケアのいとなみということができます。つまり，人がおかれた状況に個別的に心を配り，その人（やその人の周辺の人）の言葉に耳を傾けることを通して，「その人の人権を真に保障するためにはあと何が必要なのか」ということを見極め，その保障のために動くといういとなみです。このような意味において，ケアは概念としての人権を現実的なものに近づけるものであるといえるのです。

2．ケアとは？　法学の観点から

(1) ケアと法制度

Q1 わたしは体が不自由で，いろいろな人から手助けしてもらっていて申し訳ない気持ちでいっぱいです。それでも，実は，今のケアでは不十分で，それが言い出しにくいのです。世間のひとびとにケアという考え方が根づいていれば言いやすいように思うのですが……。

A1 たしかに，ケアには「ケアされる側/する側」という人が考えられています。でもそれだけではなく，それを「支える人」という第三者もかかわっていることにはあまり注視されていません。こうした関係を整備するのは法制度です。法律などでケアが制度化されて，運用されていけば，世間のひとびとにケアは定着していくのではないでしょうか。そこで，ケアには法制度が必要なのです。

(2) ケアと人権

Q2 「ケア」とのかかわりのなかで「法」ということばを聞くと，つい「人権」ということばを連想するのですが，「人権」を主張することで，ケアを十分なものにしてもらえるのでしょうか。

A2 満足できるケアを追求するために，どこまで人権が役立つのか，という問題は難題です。求めるケアの内容に応じて，それに対応

する種類の人権を主張することが求められるからです。

〰〰〰〰〰〰〰〰〰〰〰〰〰〰〰〰〰〰〰〰〰〰〰〰〰〰〰〰〰〰

(i) そもそも「人権」とは

　人権はもともと，国から重税を課されたり，不当に身体を拘束されたりすることのない「国家からの自由」を意味していました。国から自由に自分の財産や身体を守ることができる，というのが人権の趣旨です。そこで，「人が人であるがゆえに当然もつ権利」として憲法で「基本的人権」とされたのです。

　でも，自分のことを守る権利をもっていても，もし守るべき財産や身体が十分でなかったら，守るべき対象そのものが不完全になっています。そこで，「人権」のなかには，「最低限の生活を維持できるように国が行動します」という趣旨の「社会権」も含まれるようになったのです。

(ii) ケアと人権の対応関係

　「ケア」というのは，生活状況が十分でない人を支えることですね。今お話しました「人権」と「ケア」が重なるのは，「生活状況が十分でない」というところです。そのときに人権を使えば，国に対して自分を支えてもらうように要求することができるのです。(⇒1章3)

　このようにケアが必要なときにも人権を主張することが有効ですし，またそれだけでなく，ケアの方法や手段，または不公平なケアがある場合など，ケアが不十分だったり，ケアがかえって何らかの不利益をもたらす場合にも人権を主張することができます。具体的には次を見てみましょう。

(3) どのような人権を主張するの？

〰〰〰〰〰〰〰〰〰〰〰〰〰〰〰〰〰〰〰〰〰〰〰〰〰〰〰〰〰〰

Q3 でもわがままなようですが，国にお願いしたら，やってほしくないようなことまで余計に干渉してきたり，または十分にやってくれなかったりします。それに，そもそも「要求」なんてできません。

A3 そうですね，過度な干渉や不十分な支援は，精神的にさらなる負担を負ってしまいますから重大な問題です。国は「過度の援助はかえって自立を阻害する」などとわかったようなことを言って，

十分に支援しないことを正当化することがありますよね。たしかに国はお金を余るほどもっているわけではないので、その財政的な限界があるために支援から手を引いてしまうこともよくあります。でも、そんなことでは「ケア」は十分にはなりたたなくなってしまいます。

~~~~~~

(i) ケアにおける人権の種類

そこで、この問題を法的に解決するために「人権」を使うことが求められます。ただ、おっしゃるように、普段から人にお世話になっているのに、さらに「要求」するなんてなかなか難しいですよね。

ここに「人権」の問題があります。人権のなかには、「自分のことは自分で決める権利」(自己決定権)があります。憲法13条に「幸福追求権」とされていることから出てくる権利です。幸福を追求する権利がわたしたちにはあるので、国に対して自分の幸福を求めることができるわけです。たとえば、情報を十分得られるように求める権利や知る権利、養護老人ホームにおけるプライヴァシー保護のためのプライヴァシー権などが憲法13条から導かれる可能性があります。

しかし、そもそも自分のおかれた状況が、自己決定できるだけの環境がととのえられていない場合にはどうすればいいのでしょうか。その点で、人権についていえば「社会権」がとても重要な意味をもつのです。(⇒1章3)

また、人権のなかでは「法の下の平等」(憲法14条)の要請も重要ですね。ほかの人には社会手当が認められているのに、自分には認められない場合には、平等権違反となるはずです(結婚しないで生まれた子どもや、性別、年齢、職種による差別)。

そして、福祉施設などでの扱いをめぐって、問題になるのが、やりすぎの「ケア」です。たとえば虐待や体をベッドにくくりつけて動けないようにするといったことは、憲法18条から問題となります。

また、こうしたさまざまな権利が効果を発揮するためには、裁判を受ける権利(憲法32条)が保障されていることもつけ加えておかねばなりません。

(ⅱ) 権利主張の制度化

さっき言いましたように，実はこうした権利を主張するのには勇気がいります。もともと身体的な理由などから，どうしても対等な立場に立ちにくい（潜在的に不均衡な立場にいる）弱者にとっては，「権利があるよ」といわれてもなかなか難しいですよね。個人が行政や裁判に訴える前に，制度としてケアを与えられる仕組みができていることこそ必要ですね。ですから，身近にいる家族や介護福祉士などが調整役として間にたって，気軽に法的な相談のできる仕組みが求められています。

(4) 法律の枠組み

> **Q4** ケアを支える法律にはどんなものがあるでしょうか。
> **A4** 伝統的には，ケアは，医療・福祉・介護に分けて規制がなされてきました。それぞれについて，以下のような法律があります。

(ⅰ) 医療

医療に関しては，免許とその業務を定める医師法などの法律，病院や診療所の構造設備などを定める医療法，医療費のことを規定する健康保険法などのほか，高齢者に関して，いわゆる後期高齢者医療制度を規定している，高齢者の医療の確保に関する法律があります（民主党は廃止を公約していましたが，2012（H24）年12月の政権交代で見通しは分からなくなりました）。

(ⅱ) 介護

介護については，介護保険法があります。

(ⅲ) 福祉

福祉に関しては，社会福祉法による大枠のもと，児童福祉法，身体障害者福祉法，生活保護法，知的障害者福祉法，老人福祉法，母子福祉法，老人福祉法というように，分野ごとに制度が定められています。

このうち，福祉については第9章2以下で取り上げられるので，ここでは医療と介護についてさらに説明します。

(5) 「医行為」とはなにか？

> **Q5** 自分では痰を排出できない患者の家族です。連日，夜中も含めて痰の吸引をしなければならず，ヘトヘトになってしまっています。週に3日来てもらっているヘルパーさんに痰の吸引をお願いできないでしょうか。
>
> **A5** かつては，介護福祉士やヘルパーは痰の吸引ができないと解されていました。介護福祉士については法改正がなされましたが，ヘルパーについては議論が続いています。

(i) 「医行為」と資格

医療や介護で行われる行為の中には，医師や看護師が行わないと危険なものがあります。このような行為を「医行為」といい，資格がない人が繰り返して行うつもりで行うことは禁止されています（医師法17条など）。そして，痰の吸引は医行為であり，よって，繰り返して行うつもりで行えば法律違反になる，というのがこれまでの考え方でした。

では，家族に痰の吸引が許されていたのはなぜでしょうか。それは，家族による行為は家族内で完結し，それ以上には広がらないので，法律上認められる，と考えられていたためです。しかし，ヘルパーは家族ではなく，つまり，ヘルパーが訪問する先々で痰の吸引を行えばそれは社会性を持つことになるので，ヘルパーによる痰の吸引は法律違反と考えられることになるのです。

(ii) 議論と法改正

しかし，このような考え方は，痰の吸引が必要な患者の介護を完全に家族に押し付けることになります。そこで厚生労働省は，研究班の報告書や通達などで，ヘルパーによる痰の吸引を認めるようになってきました。もっとも，「当面のやむを得ない措置」と自ら認めているように，本来は法律で対応することが必要なはずでした。そこで，2011年に法律が改正され，介護福祉士が，本来は看護師の業務である痰の吸引をすることができることになりました。介護福祉士という「介護」の職種と，看護師という「医療」の職種が重なるということは，これまでは想定されていなかったことです（A4で医療・福祉・

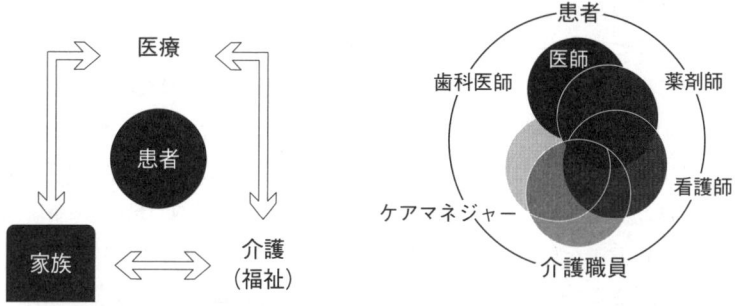

（篠原昭典「在宅療養での薬剤師の役割」小松楠緒子編著『薬剤師と社会』（2011年，北樹出版）49頁）

介護が別々に規定されていたと説明したことを思い起こしてください。なお，ヘルパーは介護福祉士ではないので，「当面のやむを得ない措置」のまま残されます）。しかし，1人の患者さんになされる，という意味では，すべての関係者が連携してケアを提供する必要があります。上の図は，このことをよく表しているものだと思います。左は法制度，右は現実のケアの姿を表しています。

(6) 介護保険のしくみ

Q6 介護サービスが必要なので市役所に行ったところ，介護保険からお金は出るが，どの会社と契約するかはあなたが決めてくださいといわれました。しかし，さまざまな会社があり，どことどのような契約をしたらよいかわかりません。

A6 どのようなお金の使い方をするかは，ケアマネージャーと話し合って決めることができます。また，どの会社を選んでも大丈夫なように，行政が一定の規制をかけています。

わが国では，どの福祉事業者のどのようなサービスを受けるのかは行政が決めてきました（措置方式）。しかし，1980年代後半から90年代の議論を経て，1997（H9）年の児童福祉法および介護保険法では，支援費を支給するという方式に変更がなされました。そこでは，利用者自らが福祉サービスを選択す

るという考え方がとられたのです。また，このため，成年後見制度の充実も求められることになりました。精神上の障害のためものごとの判断が難しい人のために，誰かが，代わりに契約をしたり（代理），本人の契約にお墨付きを与えたり（同意）する制度は，これまでにもありましたが，より使いやすいように民法が改正されたのです。また，障害の程度がもっとも重いランクの人については，療養看護が行われることも規定されています（民法858条）。もっとも，実際に看護を行うことが必要か，あるいは，手術などに代わりに同意することができるか，については，法改正の際に議論が不十分だったため，問題として残されています（法務省はどちらにも否定的です）。

さて，これらのサービスを受けるためには，利用者の責任で事業者を選ばなければならないことになります。もちろんその前提として，すべての事業者が適切に事業を行っていることが必要なので，たとえば，すべての介護保険事業者は6年ごとに都道府県の指定を受けなければならないことになっています（居宅サービス事業者について介護保険法70条の2など）。しかし，事業者を適切に選べたとしても，具体的なサービスの中身，つまり，お金の使い道を決める作業が残っています。ですので，介護保険では，ケアマネージャーが本人の状態を考慮してケアプランを策定し，それに基づいて介護サービスが提供されることになっています。もっとも，ケアマネージャーが属する，あるいは密接な関係のある事業者を優先してケアプランを策定することがあるなど，問題点も指摘されています。

(7) 行政の責任

Q7 法制度として，「ケア」がどのように考えられているのかはわかったのですが，では，「ケア」について，一体，行政（国や地方公共団体）はわたしたちに何をしてくれるのでしょうか。

A7 わたしたち市民は，国に税金を支払っています。国は，集めた税金などをもとにして，国民や住民のためにはたらくのです。ですから行政は，国民のために活動しなければなりませんし，もとより不利益になるようなことをしてはいけません。ですから，もしも困っている市民がいるのに手を差し伸べなかったり，不十分だったり（行政の不作為，Q8），あるいは行政が行動を起こしてく

れたけれど，かえって市民を不都合な状況に追いやってしまう場合（行政による市民に対する不利益行為 Q9）には，行政はふさわしくないことを行ったこととされ，ときには賠償金を市民に支払わねばなりません。

(8) 行政の不作為に対する救済手段

Q8 生活保護の申請をしているのに 1 ヶ月以上たっても何の通知もありません。これではまともに生活ができず困るのですが。

A8 法令に基づいて申請を行ったのに，行政が応答しないことがあります。このような場合，いつも同じ手立てで救済を求めることはできませんが，申請者が救済されるためのいくつかの手段があります。

(i) 生活保護の申請

まず，ご質問の生活保護の申請ですが，生活保護の場合，法律では，申請から 30 日以内に通知がないときは，申請を却下したものとみなすことができるとされています（生活保護法 24 条 4 項）。申請を拒否されたとみなせば，それに対する不服申立てを行ったり（行政不服審査法），拒否された処分に対して取消を求めて裁判所に訴えることができます（行政事件訴訟法の取消訴訟）。

(ii) その他の救済手段

このほかの手段は，法令に基づく申請をしたのに相当の期間をすぎても行政から応答がない場合は，その行政が応答をしないこと（不作為）に対する違法性を裁判所で確認したり（行政事件訴訟法の「不作為の違法確認訴訟」），または裁判所によって，行政が何らかの応答をすべきことを義務づけてもらうことができます（行政事件訴訟法の「義務付け訴訟」）。

障がいをもった児童が保育園入園を希望したのに，障がいを理由にして市が公立保育園への入園を拒否した事件がありました。こうした市や町の対応について，裁判所は，児童の入園を義務づける判決を出しました（義務付け訴訟について東京地判 2006 (H18) 4・26, 仮の義務付けについて徳島地判 2005 (H17) 6・7）。

でも，市民にとっては，こんなお堅いフォーマルな請求をするより，もっ

と迅速に対応してもらいたいと思うはずです。そこで，一部の法律には，行政機関の長が，行政機関の行為に関する苦情の適切かつ迅速な処理に努めなければならない旨を記しているものもあります（行政機関個人情報保護法48条）。また行政に対する苦情については，総務省の行政評価局というところが，苦情を聴取し，必要がある場合には調査を行い，意見を付けてあっせんを行うことがあります（総務省設置法4条）。また，行政相談委員が各市町村に置かれているので，委員は国民の苦情を受けつけて助言を行い，総務省または当該行政機関に苦情を通知することができます（行政相談委員法2条）。もっとも，こうしたインフォーマルな請求は，強制力を発揮しないので，問題解決に直結するとは言い切れません。

(9) 行政の行為による不利益

Q9 難病をわずらっていて，最近まで日本で認可されている薬では効き目がまったくありませんでしたが，海外で出回っている新薬が効くという情報を耳にしました。そんななか，厚生労働省が新薬を認可し，私は藁にもすがる思いでその新薬を投与してもらったところ，死にかかわる副作用を引き起こしてしまいました。私は行政に対して何を求めることができるでしょうか。

A9 薬害は，サリドマイド，クロロキン，薬害エイズ，薬害ヤコブ病，ワクチン予防接種など，副作用やウィルス混入などの原因によってさらなる健康被害をこうむるもので，行政の不適切な関与によるものがとくに問題となっています。

(i) 裁判の意義

これまでは，薬害事件について早期解決をはかるために，裁判所が和解にするケースが多くありました。それでも，裁判の意味は，たんに製薬会社の責任だけではなく，行政の本来とるべき行為が不十分だったことを認めさせ，そうした判決によって，行政の責任と立法による救済制度の確立を動機づける推進力となることです。たとえば薬害肝炎訴訟のあと，被害者を救済するための特別措置法（特定フィブリノゲン製剤及び特定血液凝固第9因子製剤によるC型肝炎感染被害者を救済するための給付金の支給に関する特別措置法）が作られてい

す。これに基づいて，薬害被害者は国を被告として，給付金の支給を求めて裁判所に訴えることができます。

(ii) 救済制度

また救済制度として，1979 (S54) 年に医薬品副作用被害救済対策基金法が作られ，現在は，医薬品医療機器総合機構が事務を担当しています。この救済制度は，医薬品を適正に使用したにもかかわらず副作用が発生した健康被害者に対する救済の給付を行うものです。しかし，医薬品の副作用によるすべての健康被害を対象としているのではなく，救済の対象とならない場合があります。具体的には，「独立行政法人 医薬品医療機器総合機構」のHPを参照ください。

薬害被害者は，医薬品製造販売業者の拠出金と国の補助金から成る独立行政法人医薬品医療機器総合機構に給付請求を行い，厚生労働大臣の判定によって，給付がなされます。この決定に不服がある場合は厚生労働大臣に対して審査を申し出ることもできます。

3．社会権とケア

(1) ケアと社会権

Q1 憲法では社会権がまもられていますが，社会権とケアとはどのように関係するのでしょうか。
A1 ケアには様々なものがありますが，国の社会保障に関するものが少なからずあります（⇒1章2(4)など）。そして国の社会保障はすべて，日本国憲法が定めている社会権にもとづきます。

(i) 社会権

社会権とは，憲法で定めている人権のうち，人間に値する生活を送れるように，国に対して適切なかかわりや配慮を求めることができる国民の（ただし国内の外国人にも及ぶべき）権利です。社会権には，「健康で文化的な最低限度の生活を営む権利」である生存権（日本国憲法25条），教育を受ける権利（26条），労働権（27，28条）があります。

(ⅱ) 個人の尊重

そもそも憲法上の人権はすべて，国民が「個人として尊重」(13条前段) されなければならないという「個人の尊重」の考え方から出てくるものです (⇒『学校と人権』第1章1，第2章2参照)。「個人の尊重」は，個人がみずからの人生をみずから構想でき (自己決定・自律)，それに従って生きられる (自立) ことによって実現されます。社会権は，このことを，最低限度の生活保障という側面や教育という側面，労働という側面から実現するための権利なのです。

(2) 自己責任と自己決定

> **Q2** ケアと自己決定・自律・自立の関係がまだよくわかりません。例えば，自己決定は自己責任とは違うものなのですか？
> **A2** 「自己責任」という言葉は，自分のことは自分で責任をとるということです。それは，他人に頼らず，経済的に自立することの意味でつかわれることが多い言葉です。しかし「個人の尊重」を基本にケアや社会保障を考えるとき，「自立」は単に経済的に自立することにはとどまらない意味を持ちますし，他人に頼らないこととも違うものにもなります。そのように考えるならば，社会保障制度全体について，自己責任という言葉からではなく，違った角度から見ることができます。

(ⅰ) 自立の意味

自由主義・資本主義のこの社会では，「自立する」とはふつう，独りで経済的にやってゆくことを意味します。そのような「自立」観に立って，例えば生活保護 (「最低限度の生活」ができない人たちの生活を税金によって維持する制度) の受給者に対して冷たい目が向けられることがあります。また，他人に頼らないことや，頼っている状況から抜け出ることを「自立する」とも言います。再び生活保護を例とするなら，就労することによって，早く生活保護受給者の立場から脱却することを「自立」と呼ぶことがあります。「自己責任」という言葉は以上のような考え方と結びつくものです。

しかし社会には，例えば24時間介助が必要な障がい者がいます。そのような人たちは，多くの場合，介助を必要とする状況からの「脱却」などできま

せんし，経済的に独りでやってゆくこともできません。ではそのような人たちは「自立」していないのでしょうか。

「個人の尊重」を基本に考えるなら，新しい「自立」観を持つことができます。「自立」とは，単に経済的な自立や，他人や社会保障への依存からの自立としてではなく，「人生を主体的に構想し（自律・自己決定），それに基づいて社会生活を営むこと」です。

このように考えるなら，介助が必要な障がい者も，介助を受けつつ自らの人生を主体的に構想することにより，「自立」することができます。また，じつは生活保護制度ができたとき，「その人をしてその能力に相応しい状態において社会生活に適応させること」を「自立」としていました。「自立」は，人生を主体的に構想すること，すなわち自律や自己決定を含んだものです。けっして，「自己責任」という冷たい言葉と同じものではありません。

(ii) 自立・権利・ニーズ――社会保障制度の新たな見かた――

日本国憲法の社会権保障に帰るならば，25条の生存権は，本来，以上のような意味の「自立」を権利として保障したものです。具体的には，①ケアや社会保障を受けながらも自己決定をすることへの権利，②自立が可能となるように社会保障を求める権利，③自立が可能となるようなケアや社会保障の内容を求める権利，ということになるでしょう。

不幸なことに，現実には，「自己責任」の考え方にもとづいて，社会保障の受給者・利用者を冷ややかに見る風潮も無くなっていません。それだけでなく，いまある社会保障制度は「不正受給」を許したり，受給者をナマケモノにするものになっているのではないかという批判もあります。しかし，ケアや社会保障を新たな「自立」観から捉える立場から冷静に考えれば，そのような批判の多くが正しくないことに気づくことができるでしょう。

また，新たな「自立」観を前提に考えるなら，社会保障やケアの内容も，可能な限り，それらを受ける側が，自らのニーズをもとに選択できるものにしてゆく必要があります。これまでは，社会保障やケアの内容は専門家に委ねればよくて，受給者・利用者は文句を言えないと考えられることがありました。しかし，いつでも必要な内容のサービスを必要なだけ権利として使える，という安心感が利用者・受給者にあれば，制度への信頼感が生まれ，かえって制度の悪用や濫用は防げるとも考えられます。

(3) ケアと「労働者」

Q3 ケアをする者は無理難題にも応えなければならないのでしょうか。また，ケアをする者を「労働者」として見た場合，どんなルールや権利があるのでしょうか。

A3 受給者・利用者がニーズやケアの内容を決めるといっても，ケアをする側はどんな無理難題にも応じなければならないわけではありません。上で述べたように，受給者・利用者が冷ややかな目で見られ我慢を強いられるようではいけませんが，ケアをする側も理不尽を強いられてよいものではありません。

現在，ケアに関する多くの事業体があり，多くの人が職業としてケアに携わっています。その場合，ふつう，ケアを実際に行う人（ケアワーカー）は，ケアを受ける利用者から直接給料をもらうわけでも，利用者の要望にすべて従う義務があるわけでもありません。ケアの取り決め（契約）は利用者と事業者とが結んでいて（⇒1章2(6)など），ケアワーカーは事業者に雇われている（事業者と労働契約という契約を結んでいる），という関係にあります。ケアワーカーは，賃金（給料）の支払いを受ける権利をもつかわりに使用者（事業体）の指揮命令（業務命令）にしたがう義務を負う者，つまり「労働者」なのです。業務の内容は基本的に使用者が決めてよいのですが，労働契約はほかの契約と違って，労働者の人格や生活と大いに関係する面もあるため，使用者は労働者の人格やプライバシーを尊重しなければならない，労働者の生命・健康や私生活を配慮しなければならない，安易に労働条件を不利な方向に変更したり解雇してはならない，などのルールがあります。賃金や労働時間などの労働条件の最低基準は法律で決められてもいます。労使の間の問題を法をつかって解決する方策は思ったよりも整備されていますので，困ったことがあれば，労働組合（社内・社外），労働基準監督署や都道府県労働局（総合労働相談コーナーなど），都道府県労働委員会，法テラスや弁護士などをたずねてみるのもよいでしょう。

4．国際社会とケア

(1) 国際社会とケア・人権とのつながりって？

Q1 ニュースで一日サッカーボールをぬう仕事をさせられている子どもたちのことをみました。世界には，ものすごい貧しさに苦しんでいる子どもたちがいるのだなと思いました。ケア・人権の思想・活動には，こういった貧しい国の子どもたちのこともはいりますか？

A1 はいります。そして，ものすごい貧しさに苦しんでいる人々だけでなく，たとえば，ジェノサイドや強姦などの国際犯罪の被害者やその遺族（⇒15・16章），あるいは，自然災害にあっても国がなにもしてくれない/なにもできない地域の人々（⇒17・18章）などは，ケアを必要としていますし，その人権が守られなければなりません。中には，子ども兵（「児童兵」ともいいます）などのように，加害者であると同時に被害者であるような人たちもいます（⇒15章）。国際社会では，1966（S41）年の国際人権規約（A規約：社会権規約）にもとづくに社会権の保障をはじめとして，いろいろなケア・人権保障の枠組みがつくられています。また，最近，国際正義，修復的正義，ケイパビリティ，人間の安全保障などの考え方がでてきました。これらの考え方に導かれた，いろいろな制度や活動は，お互いに補いあって，国際社会でのケアを実現することが期待されます（⇒本節(4)）。

(i) 国際法とケア

　地球上のすべての人たちが，恐怖と欠乏からまぬがれて，平和のうちに暮らすことができるように，すべての人たちの人権を保障しようとする動きは，戦後，大いに高まりました。これは，第二次世界大戦で，あまりにも多くの人たちが権利をふみにじられ，無残に殺されていったことに対する反省から生まれたものです。そして，国連が，この動きを大いに後押ししてきました。この国際的な動きは，1948（S23）年には世界人権宣言を，1966（S41）年には国際人権規約（A規約・B規約）を生み出しました。また，ジェノサイド条約

(1948 (S23) 年)，難民条約 (1951 (S26) 年)，人種差別撤廃条約 (1965 (S40) 年)，アパルトヘイト条約 (1973 (S48) 年)，女性差別撤廃条約 (1979 (S54) 年)，拷問禁止条約 (1984 (S59) 年)，子どもの権利に関する条約 (1989 (H1) 年) など，また，国連被害者人権宣言 (1985 (S60) 年) や国連修復的正義基本原則 (2002 (H14) 年) など，いろいろな条約・宣言などがつくられてきました。

ところで，これまでの動きでは国家と人権の関係が中心となってきたのですが，最近は，国際社会が直接ひとりひとりの人権を保障していくことが主張されています。そこでは，第一世代の人権（市民的・政治的権利），第二世代の人権（経済的・社会的・文化的権利）だけでなく，第三世代の人権が唱えられています。第三世代の人権としては，発展の権利，平和への権利，環境や資源への権利などがあります。発展にしても，平和にしても，環境にしても，苦しんでいる人々を，国を飛び越えて，国際社会がなんとかすべきだということです。あとでみる国際正義にしても，修復的正義にしても，人間の安全保障にしても，このような動きと無関係ではありません。ただ単に，国との関係で法的な権利を考えるのではなく，ひとりひとりの尊厳を大切にし，そのニーズによりそっていこうとする点で，この動きは，ケアの思想につながるものといえます。

(ⅱ) **国際正義**

国際正義は，圧政，貧困，飢餓などに苦しむ人々に，国際社会が国境を超えて手をさしのべる責任があるとするものです。国際正義は，国家を中心としたこれまでの考え方とは違って，国家だけではなく，私たちひとりひとりに，地球上のいろいろな問題について，何をすべきかを問いかけるものです。これは，たとえば，環境問題にみられるように，現代社会の問題が国境を超えるものであり，しかも，グローバル化が進んだために私たちひとりひとりの決断や行いが遠い国の人々に影響を与えてしまうことが増えたことなどを背景としています。たとえば，ある国の子どもたちがものすごい低い賃金で過酷な仕事を強いられているおかげで，私たちが安いチョコレートを食べることができているとしたら，私たちがその安いチョコレートを選んで買うということは，その子どもたちの犠牲の上にぜいたくをしていることになります。それゆえ，私たちひとりひとりが遠い国のことに関心をもち，行動していかねばならないとされるのです。次にご紹介するアマルティア・センの議

論も，この議論のひとつといえます。国際正義という考え方からは，具体的には，たとえば，開発援助や人道的介入，国際刑事裁判所（⇒15章）などがでてきます。もちろん，どのような問題に対して，だれが，どのような根拠から，どのような手法で乗り込んでいって，困っている人を支援・ケアしたり（⇒17・18章），加害者を退け，あるいは「処罰」したりするか（⇒15・16章），といったことについては，様々な議論があります。

(iii) **修復的正義について**

修復的正義は，もともと犯罪・非行の分野で，被害者・加害者・コミュニティが，ファシリテーターの導きのもとで話しあい，自分たちで事件の解決を探るというところから出発した理論・実践です。当事者のニーズを第一に考えるため，ケアの思想と深く結びついています。そして，国際社会での大規模な人権侵害と向き合うための方法として，修復的正義的な手法が使われたり，その取り組みを支えるものとして修復的正義の考え方がとられている例があります。たとえば，有名なところでは，南アフリカ真実和解委員会（⇒16章2(2)）があります。また，アジアでの最近の活動として，NARPI（東北アジア地域平和教育機関：韓国メノナイトの李氏などを中心とし，東北アジアに平和のネットワークをつくり，過去の侵略行為を含めた葛藤を転換しようとするもの）などをあげることができるでしょう。

(iv) **センの議論（ケイパビリティ，人間の安全保障）**

現在，ケアの領域では介護の社会インフラ化ということが議論されています。この考え方は，ケアと介護は個人がなんとかすべき問題だとしてケアと介護の働きを個人の努力に押し込めてしまう考え方に対して，これを社会がなんとかすべき問題としてとらえていこうと主張するものです。これらの議論は，アマルティア・センのケイパビリティの議論にもつながるものです。ケイパビリティの議論とは，ケア・支援を必要としている人たちに，ただ単にかわいそうだから，食べ物やお金をめぐんであげますというのではなく，能力アップができるように制度を整えたり，商売の元手にできるお金を貸したりすることで，その人たちのもつことのできる選択の幅を広げ，その人たちがもともともっている能力を開花していけるような形でケア・支援をしていこうとするものです。これは，国際連合の人間開発指標の基礎となり，人間の安全保障につながっていきます（⇒17章2(2)）。

(v) いろいろな考え方・活動の間の結びつき

これまでみてきた，いろいろな考え方・活動の中には，一見すると，対立しあうようにみえるものもあります。たとえば，国際社会による正義の実現を目指す国際正義と和解による平和の実現を目指す修復的正義とは，相いれないもののようにみえる場合もあるでしょう。しかし，これらの考え方・活動は，お互いに対立するものではなく，お互いの欠点を補いあって，国際社会でのケア・人権を実現するために役立つことができます。

たとえば，国際正義と修復的正義との関係でいいますと，大規模な人権侵害への国際社会の取り組みとしては，国際正義の方では，国際刑事裁判所（以下，「ICC」と書きます）があります。これは，戦争を違法なものとし，さらには犯罪とする上で画期的なものです（⇒15章1(2)）。また，ICCは，被害者の権利にも配慮しています（⇒15章2）。しかし，ICCには，いろいろな限界があります。ここでは，ご参考までに，4つほどあげてみましょう。

まず，①そもそも大規模な人権侵害に取り組むために刑罰を使うのがよいのか，刑罰はここでのケアに役立つのか，という問題があります。もともと不安定な地域・国で，国際社会が無理に司法による正義を実現しようとすると，かえってまた紛争になってしまうなど，その地域・国の平和をおびやかしてしまう危険もあります。政治的な妥協のもとで，ひとまずは，その国の治安や経済を立て直す必要がある場合もあるかもしれません。また，②なぜ，国際社会がノコノコともめている場に顔をだすことができるのか，そもそも国際社会とは一体だれの利益のためにあるものなのかという問題もあります。資金や人手，その他の政治的な事情などから，ICCがすべての事例を扱うことはできません。あの事例は扱い，この事例は扱わないというのでは，公平な裁判をしているのかどうかが怪しくなってしまいます。どこぞの大国の利益のために裁判が行われたなどと疑われるのであれば，そもそもICCの意味がなくなるでしょう。そして，③すべての国や政府がいつもICCに協力するとは限りません。中には，ICCから顔をそむけている国もあります。とりわけ，アメリカは，自分の国の兵士が処罰されることをおそれて，ICCに入っておらず，かつ他の国々と自分の国の兵士が処罰されることがないように条約を結んでいます。このことは，ICCの活動に暗い影を落としています。また，④集団でなされた国際犯罪について個人の責任を問うことは，だれか

をスケープゴートにしてしまう可能性もないわけではありません。

　これらの問題から，ICC ではなく，国際混合法廷のように，国連と現地が協力しあいながら法的な正義を実現しようとする試みもなされています（東ティモール，シエラレオネ，カンボジアなど）。また，修復的正義の方では真実和解委員会がありますが，これは，またまた紛争を引き起こしてしまうような事態をさけ，平和を実現する上で大切な働きをするものです（⇒16章）。そもそも，司法と真実和解委員会とは，どちらかひとつしか使えないというものではありません。たとえば，16章でご紹介する東ティモールでは，国際混合法廷と真実和解委員会の両方が使われています。そして，ICC をつくったローマ規程にもとづいて，被害者信託基金（TFV）のように（⇒15章2），被害者の社会復帰のための活動もする組織もつくられました。このため，ローマ規程は，応報的正義と修復的正義の両方をふくむ，ユニークなシステムをつくったともいわれます。このように，国際正義と修復的正義は，お互いに結びついてケア・人権の実現に貢献することができるのです（⇒16章3）。

(2) 国際社会とケアの問題を考えるとき，注意すべきこと

Q2 国際社会とケアの問題が大切なのは，わかりました。私自身も，よく考えないといけないというのは，なんとなくわかります。でも，それでは，私は何をしたらよいのでしょうか？　いますぐ，ケアを必要としている人たちのところへ行くべきでしょうか？

A2 問題意識をもつのは，とても大切なことです。ただし，いたずらに心情的になるのと，正義やケアといった理念や原理に導かれた情熱を燃やすとのは，まったく違います。国際社会でのケアとは何か，その実現のために何が必要か，限界は何か，私たちひとりひとりは何をどこまでしなければならないのか，もし，私たちがやるべきことをやらない場合，どのような責任を負うべきなのか，などということを，しっかりとした基準をもとに，できるだけはっきりしたものにしていく努力をしなければなりません。まずは，必要な知識や技術などを身につけ，私たちにできることからはじめていきましょう（⇒17章4, 18章2）。

国際正義やケアが大切なのは，間違いありません。しかし，だからこそ，だれもが正面切って反対しにくいものです。ですが，国際政治の場というものは，それほど甘いものではありません。正義やケアという言葉をかかげて，実はまったく別のことが企まれているなんてこともあるかもしれません。たとえば，大国が国際正義を振りかざして小国に無理難題をふっかけることもあり得るのです。そればかりでなく，善意でやっていることが，実はだれかを追いつめているなどということもあります。たとえば，ルワンダで活動していた人道支援士官が，ひどいPTSDにかかって，やっとのことで立ち直ったのですが，あとで大量虐殺の被害者を守らなかったということで非難を浴びたため，PTSDを再発し，しまいには深刻な拒食症にかかって死んでしまった，などという話もあります（参考文献の日本平和学会編に入っている大庭弘継論文は，現場に行きもしない人が正義感に駆られてこの人道支援士官を追いつめ，死亡するまでに至らしめたことを問題としています）。

　正義をとなえる自分に酔うのでも，なかなか進まない現状にいらだってだれかれかまわずののしるのでもなく，あるいは逆に，どうせ何をしてもムダだとしらけるのでもなく，国際社会におけるケアには具体的にどういうものがあるか（⇒15・16・17・18章），その実現には何が必要か，限界は何か，だれがどのようなことをするべきなのか，それが果たされない場合，だれの責任がどのような形で問われるべきなのか，などということを，ひとつひとつはっきりとしたものにしていく必要があります。そうでないと，せっかく一生懸命活動しても，逆効果になったり，かえってだれかを傷つけたり，自分が傷ついたりすることにもなりかねません。もちろん，その見極めは，とても難しいものではあります。かといって，情熱などですべてをよしとするわけにもいかないでしょう。

参考文献

- ミルトン・メイヤロフ著／田村真訳『ケアの本質——生きることの意味』（ゆみる出版，1987年）
- キャロル・ギリガン著／岩男寿美子訳『もうひとつの声——男女の道徳観のちがいと女性のアイデンティティ』（川島書店，1986年）
- ネル・ノディングス著／立石善康，清水重樹，新茂之，林泰成，宮崎宏志訳『ケアリング——倫理と道徳の教育　女性の観点から』（晃洋書房，1997年）

- 上野千鶴子『ケアの社会学』（太田出版，2011 年）
- 岩村正彦編『福祉サービス契約の法的研究』（信山社，2007 年）
- 加藤智章他『社会保障法〔第 4 版〕』（有斐閣アルマ，2009 年）
- 独立行政法人医薬品医療機器総合機構 HP：http://www.pmda.go.jp/index.html
- 西村健一郎『社会保障法入門〔補訂版〕』（有斐閣，2010 年）
- 「シンポジウム　いま，医行為を問い直す」年報医事法学 19 号（日本評論社，2004 年）
- 中西正司，上野千鶴子『当事者主権』（岩波新書，2003 年）
- 笹沼弘志『ホームレスと自立/排除』（大月書店，2008 年）
- 本田良一『ルポ　生活保護』（中公新書，2010 年）

- 石埼学ほか編『リアル憲法学〔第 2 版〕』（法律文化社，2013 年）第 2 章，13 章（押久保倫夫，笹沼弘志執筆）
- 水町勇一郎『労働法入門』（岩波新書，2011 年）
- 浅倉むつ子ほか編『労働法〔第 4 版〕』（有斐閣アルマ，2011 年）

- アマルティア・セン（池本幸生ほか訳）『不平等の再検討』（岩波書店，1999 年）
- 同（東郷えりか訳）『人間の安全保障』（集英社新書，2006 年）
- 長有紀枝『入門　人間の安全保障』（中公新書，2012 年）
- 押村　高『国際正義の論理』（講談社現代新書，2008 年）
- 片野淳彦「東北アジアに対話の文化を：NARPI のメッセージ」『共生と修復』第 2 号（2012 年）39-40 頁
- 篠田英朗『平和構築と法の支配』（創文社，2003 年）
- 宿谷晃弘，安成訓『修復的正義序論』（成文堂，2010 年）
- 日本平和学会編『平和研究第 36 号　グローバルな倫理』（早稲田大学出版部，2011 年）
- 日本弁護士連合会編『国際刑事裁判所の扉をあける』（現代人文社，2008 年）

第2章　問題行動をめぐる生徒指導とケア

1．毅然とした生徒指導：ゼロトレランス

Q1 最近の少年事件の背景には，子どもの規範意識の低下があることを耳にします。こうした問題への対応として，学校教育で毅然とした生徒指導が行われていると聞きましたが，どのようなものでしょうか？

A1 現在，毅然とした対応による生徒指導は，「ゼロトレランス」という名称で行われています。ゼロトレランスとは，元々は精密機器を作る際に不良品を徹底的に取り除き，厳しく品質管理をするという意味で使われていました。アメリカでは，この考えを街頭の治安対策にも活用し，小さな犯罪も見逃さずに徹底的に取り締まるようになりました。そして，学校の生徒指導にも使われ，学校で禁止されているナイフやアルコール等を学校に持ち込んでいないか，持ち物検査を徹底し，違反した生徒に対しては，理由を問わず容赦なく停学や退学処分を行ってきました。

(1) なぜゼロトレランスなのか？

アメリカでは学校内で生徒の飲酒や喫煙のみならず，銃乱射事件等の重大事件を防ぎ，安心した学校を作るためにゼロトレランスが導入されました。その後，生徒の問題行動の予防を強化するため，持ち物検査を徹底しました。例えば，学校側から不良と目をつけられていた10歳の少女が，昼食時に持参したステーキナイフを使って食材を切り分けたことが刃物を校内に持ち込んだとして校則違反と判断され，警察に逮捕される事件が起きました。この事件では，少女がステーキナイフで誰かを切りつけたわけでもないのに，逮捕するのはあまりにも厳しすぎるのではないかと問題となりました。

日本では，2004 (H16) 年に長崎県佐世保市で小学校6年生の女児が同級生をカッターナイフで殺傷する事件が起きました。こうした事件を受け，文部科学省は自分の思い通りにならず，すぐ相手に暴力を振るう原因は，最近の子ども達に善悪の判断（規範意識）が育っていないからだと考えました。そこで，2005 (H17) 年「新・児童生徒の問題行動対策重点プログラム（中間まとめ）」

をまとめ，規範意識を向上させるためには，良い事と悪い事を具体的に示す生徒指導が必要と考え，アメリカで実施されていた「ゼロトレランス（毅然とした対応）方式」に学ぶべきことを提案しました。

そして，2006(H18)年国立教育政策研究所生徒指導研究センター「生徒指導体制の在り方についての調査研究報告書―規範意識の醸成を目指して」では，日本の学校でのゼロトレランス指導とは，校長のリーダーシップの下，「毅然とした対応」で教師間の生徒指導のぶれをなくす粘り強い指導と位置づけました。

(2) ゼロトレランスの具体例

ゼロトレランスの具体的な指導方法としては，服装や髪型，授業時間の厳守等，学校生活で生徒が守るべき細かい規則を設け，教師はその規則に違反がないか「毅然とした態度」で指導を行い，規則違反の回数に応じて停学や退学等の段階的指導を行うこととしました。

例えば，ゼロトレランスを行っている高校では，二人一組の教師が校門の前で登校時の生徒の服装検査を行い，違反者にはチェックカードを切るという指導をしています。二人で対応するのは，教員ごとに服装の乱れの判断がぶれないようにするためで，チェックカードの枚数に応じて，校長室指導，停学，退学等の段階的指導を行っていきます。

このように，日本でのゼロトレランスは，「だめなことはだめ」だと「毅然とした態度」で指導を行っていくという意味で広がりました。また，2007(H19)年文部科学省通知「問題行動を起こす児童生徒に対する指導について」では，学校教育法35条に書かれる「出席停止」の実施が少なかったことを受け，今後，出席停止をもっと使うべきだとしました。

そして，学校はこの通知を具体的な実行に移し，「毅然とした態度」でいじめを起こす生徒（加害者）への効果的な出席停止を行うべきとされ，これこそ，「日本版ゼロトレランス」だと考えられるようになりました。

2. ゼロトレランスの問題点

Q2 いじめや校内暴力等の問題行動への対応で取り組まれるゼロトレランスとは，問題行動の被害を受けている子どもをケアし，学級で安心して学ぶ権利を保障するというものなのでしょうか？

A2 必ずしもそうとはいえません。いじめ問題をめぐるゼロトレランスでは，「いじめ被害者（あるいは学級集団）」の教育権（安心して教育を受ける権利）を守るため，「いじめ加害者」を出席停止にするのは適切な指導であるとして，被害者と加害者の人権を天秤にかけるような発想から出席停止を増やさないかが心配されます。

(1) 問題行動をなくすための管理指導

　これまで，友達同士の冗談やからかいの度が過ぎたものがいじめであり，いじめはそれぞれで捉え方が違うのだから，犯罪や非行のように法律の上で定義することにはなじまないという意見がありました。こうした意見に対して，陰湿ないじめは個人を傷つけ，その存在をも否定する残酷なものであるため，法律の上で，「安心して生活していく権利を侵害する行為」として「いじめ」を位置づけるべきとの意見も出されました（⇒『人権Q&Aシリーズ1 学校と人権』5章参照）。

　最近では，いじめを含めた「問題行動の被害」を「安心して学校生活を送る権利の侵害（人権問題）」として捉え，被害を受けている子どもの権利を守っていく動きも見られます。例えば，2008（H20）年4月に作られた「小野市いじめ等防止条例」では，法律の上で，初めて単独でいじめ問題を取り上げました。これは「いじめ被害」を救済する上で大きな一歩だったといえます。さらに，2013（H25）年6月には「いじめ防止対策推進法」が成立しました。同法は，2000年代のいじめ対策を継承し，「いじめ被害」を救済する上で，学校と警察との連携やいじめ加害者への出席停止等に言及しています（23条，26条）。

　もっとも，いじめ等の「問題行動の被害」を人権問題として見ることは重

要ですが,「被害の救済」をめぐって,被害者と加害者の人権を天秤にかけるような対応がなされないか注意する必要もあります。特に,ゼロトレランス指導の場合,問題行動を起こす生徒(加害者)は悪いのだから,出席停止によって学校から「排除」されるのは当然だと考えられないかが心配されます。

　深刻ないじめへの対応として出席停止が求められる場合もあるでしょうが,それはあくまでも最終手段として取り組まれるものです。そもそも,対人関係等の様々な事情が絡み合うことで起きているいじめが,どの程度の深刻なものであるかを判断するには,いじめに関係する生徒から事情を聴くことが基本となるはずです。いじめの背後にある事情を聴かず,いじめが見つかった時点で即座に出席停止とするのは,あまりにも機械的な指導であり,時に学校側の独断で出席停止が行われる危険性もあります。

　いじめを含め,「問題行動の被害」を受けた子どもが「安心して学校生活を送っていく権利」を守り,ケアしていくことは当然のことです。しかし,被害を受けた生徒をケアすることが,問題行動を起こした加害者生徒の人権を抑えることとはなりません。言い換えれば,被害者の視点に立ち,「安心して学校で学ぶ権利」を脅かす人権問題として「問題行動の被害」を捉えることは重要ですが,一人ひとりの人権を尊重する人権の理解がなければ,「被害者」と「加害者」という構図で両者の人権を天秤にかけ,安易に加害者の人権を抑えるような管理的な生徒指導として,ゼロトレランスが広がる危険性があるのではないでしょうか。

(2) 加害生徒・被害生徒をともにケアする生徒指導

　ゼロトレランスを実施したアメリカの学校の中には,学校内で問題行動は減っても,街頭で問題行動が生じ,結局のところ,問題行動が起きる場所が変わったに過ぎないという批判の声もあります。

　例えば,ミネソタ州では,1994 (H6) 年にゼロトレランスを実施してから2年間で,退学者が3倍に増えたため,問題行動を起こした加害生徒のケアもできる生徒指導が求められました。そこで,州の教育行政はゼロトレランスに代わる生徒指導として,問題行動で何が起きたのかを学級集団で確認しながら,今後,同じような問題行動が起きないためにどうすべきか,被害者,加害者,学級集団がそれぞれの考えを述べ,集団の話し合いを通じて問題解

決していく生徒指導が取り組まれてきました。

これを修復的実践（Restorative Practices）といいます。この修復的実践は，少年司法で取り組まれている被害者，加害者，関係者（コミュニティ）の話し合いにより，非行問題の解決を目指す修復的司法（Restorative Justice）の考え方を生徒指導に当てはめたものです（⇒人権Q&Aシリーズ1「学校と人権」6章4参照）。

修復的実践を行ってきた学校では，修復的実践は単に問題行動への生徒指導方法としてだけではなく，学校の日常生活において子ども同士が気軽に話し合う関係を根付かせながら，話し合いによる問題解決のスキルを学び，実際の問題行動が起きた際に，日常から身につけた話し合いで問題解決を行うスキルを使っていく段階的な実践と考えられています。

具体的には，生徒はホームルームや授業での話し合いの場面で，「お互いに敬意を持って話すこと」，「一人ひとりが平等に発言すること」，「相手を非難せず，安全な環境の中で話し合うこと」等，話し合いのルールを学んでいきます。これは同時に，「平等」や「他人を尊重する」といった教育価値を具体的な話し合いから身につけることをねらいとしており，生徒それぞれがこうした教育価値に即して話し合いを進行するスキルを身につけます。

話し合いの司会進行役は，「ファシリテーター」と呼ばれ，主に教師が担当しますが，話し合いのルールを学んでいくにつれ，生徒自身もファシリテーターを担うスキルが身についていきます。問題行動をめぐる話し合いでも，日常で学んだ話し合いのルールが活かされ，誰かを一方的に責めるようなことは避けられています。

ただし，問題行動をめぐる話し合いでは，「問題行動で何が起こったのか」，「問題行動を起こしている時にどのように思っていたのか」，「被害者や周囲に対してどのように思っているのか」等，「修復的な問いかけ」の活用が必要となるので，多くの場合，州や学校の教員研修で「修復的な問いかけ」の活用の訓練を受けた教師がファシリテーターを担います。

こうした話し合いを基本とする生徒指導をいじめ問題に当てはめてみた場合，いじめ発生に至った理由を確認しながら，特に被害者の「いじめ被害」の苦しみを加害者に向き合わせ，「いじめが被害者の人権を侵害していた行為であったこと」，そして，「二度といじめを起こしてはいけないこと」をいじめの傍観者を含む学級全体で共有していく指導となります。これは，結果

として，加害者も被害者もケアし，いじめ予防に向けて学級全体に働きかけていく指導となるのではないでしょうか。

　2011 (H23) 年の大津市いじめ事件によって再びいじめが社会問題化している中で，ゼロトレランスの問題点を確認しながら，修復的実践のような生徒指導も考えていく必要があるでしょう。

参考文献
・加藤十八編『ゼロトレランス』（学事出版，2006 年）
・被害者法令ハンドブック編纂委員会編『被害者法令ハンドブック』（中央法規出版，2009 年）
・細井洋子，西村春夫，高橋則夫編『修復的正義の今日・明日』（成文堂，2010 年）

第3章　人権教育とケア

1. 人権教育の目標と指導方法

Q1 近年，人権教育という言葉をよく耳にします。人権教育とは何でしょうか。どのようなことを目標としているのでしょうか。またどのような指導方法が用いられるのでしょうか。

A1 人権教育が目指すのは，学習した人が，人権を守るための実践的な行動をとれるようになることです。この目標を達成するためには，学習者自身が，頭だけでなく心と体も使って学習活動に参加するのがよいとされています。そのために，「参加体験型学習」と呼ばれる指導方法がよく使われます。

(1) 人権教育の目標

人権教育の重要性は，国際的にも国内でもくりかえし唱えられてきました。その中で，人権教育の目標や指導方法も明確になってきました。たとえば国連は，全世界の人権が守られるためには人権教育を充実しなければならないとして，1995 (H7) 年から 2004 (H16) 年まで「人権教育のための国連 10 年」を実施しました。次いで 2005 年からは，「人権教育の世界計画」を実施しました。2009 (H21) 年までに第 1 段階 (初等・中等教育 (わが国では小学校から高校までに対応) を中心としています) が終了し，現在では第 2 段階 (大学等の高等教育を中心としています) が進行中です (2010 (H22) ～2014 (H26) 年)。

こうした流れを受けて，わが国でもさまざまなかたちで人権教育に関する施策が進められてきました。なかでも，2003 (H15) 年に文部科学省のもとで発足した「人権教育の指導方法等に関する調査研究会議」は，人権教育のあり方について議論を重ね，その内容を公表してきました (2008 (H20) 年に第三次とりまとめ「人権教育の指導方法等の在り方について」を公表)。

その最終とりまとめである「第三次とりまとめ」を見てみましょう。それによれば，人権教育の目標は，自分と他人の人権を守るために実践的な行動をとれることとされています。そしてこの目標を達成するために，人権に関する「知識」の側面 (自由，責任，正義などの概念や国際法に関する知識など) と，自

分や他人を尊重することのできる「態度（価値観）」の側面（多様性に対する肯定的評価，正義や自由の実現のために活動しようとする意欲など），さらにその態度を実際の行動に移すことのできる「技能」の側面（コミュニケーション技能，協力的・建設的に問題解決に取り組む技能など）といった，三つの側面を総合的に育成することが必要だとされています。つまり，人権にかかわる知識と態度，技能を総合的に育成することが人権教育の目標なのです。

(2) 人権教育の指導方法

　知識・態度・技能を育成するという人権教育の目標を達成するためには，単に言葉で説明して教えるといった，いわゆる講義のようなやり方では困難です。そこで人権教育では，子どもが自分で「感じ，考え，行動する」こと，つまり自分自身の頭と心と体を使って，主体的，実践的に学習に取り組むことが必要であるとされています。そのためには，子どもの「協力」，「参加」，「体験」を中心にして学習を進めることが重要となります（人権教育は子どもだけでなく大人も受けますが，以下では表記を簡単にするため，「子ども」に統一します）。

　人権教育では特に，子どもに有意義な体験をさせるための方法として，「参加体験型学習」（あるいは単に「参加型学習」とも言います）という手法が用いられてきました。これはアクティビティと呼ばれる学習活動を軸として行われるものです。たとえば，「人権概念を明確にするための指導」というアクティビティがあります。これは，子どもに，①自分がいま欲しいもの，②自分にとって必要なもの，③誰もが人間らしく生きていく上で必要なものについて，この順で考えさせるものです。この作業を通して，子どもは自分が「欲しいもの」と，誰もが生きていく上で「必要なもの」との関係を考えることになります。そして「欲しいもの」は人によって異なるけれど，それとは違う次元で誰もが人間らしく生きていく上でなくてはならないものがあるという，人権に関する基本的な考え方を学ぶのです。

　以上のアクティビティをはじめとして，人権教育にはさまざまなアクティビティがありますが，それらを実践する際におさえておかなくてはならないこととして，「学習サイクル」があります。「学習サイクル」とは，子どもに単なる体験をさせるだけではなく，子どもがその体験を他の子どもと話し合いながら振り返り，現実の生活と関連させて考え，最終的には自分の行動や

態度を振り返って変えていったり、新たな行動を始めたりできるようにするというプロセスを踏んでいくことが必要であるとする考え方です。つまり、人権教育のアクティビティをさせるときは、子どもの体験を充実させるだけではなく、その体験について話し合い、振り返り、そこで学んだことを一般化させて、態度や行動の変化につなげていく、というプロセスを意識することが大切なのです。一つ一つの学習活動では、このようなプロセスを必ずしも順序どおり踏むことはできないかもしれません。また、それぞれの子どもによっても個人差があります。しかし、「学習サイクル」を意識することによって、子どもの知識と態度と技能をより総合的に育成しやすくなるのです。

　なお、当たり前のことですが、人権教育を進める際には、教育・学習の場がとりわけ重要な基盤となります。子どもの人権を尊重しながら進めなくてはならないのです。逆に、人権が尊重されていない環境においては、どんな人権教育もほとんど意味がありません。たとえば体罰が日常化している学校では、教師がいくら人権を説いてみたところで、子どもにとってはしらじらしく聞こえるだけです。学校教育ではこのことを念頭において、まず教師が一人ひとりの子どもを大切な存在として等しく尊重する必要があります。

2. 小さい子どもへの人権教育

Q2 人権教育はどのくらいの時期から始められるのがよいのでしょうか。小さい子どもでも「人権」や「権利」といった概念を理解できるのでしょうか。

A2 たしかに小さい子どもが「人権」や「権利」といった抽象的な概念を理解するのはむずかしいでしょう。しかし、小さい頃から人権の基礎となる考え方を学ばせることはできます。その意味で、人権教育はできるだけ早い時期から始めるのがよいとされています。実際、小さい子どもを対象とした人権教育プログラムやマニュアルも開発されています。

　比較的早い時期から人権教育の実践的なプログラム開発に取り組んでいた

オーストラリアの人権委員会は，1980年代半ばに，幼稚園と小学校低中学年(1～4年生)の子どもを対象とした人権教育プログラムを開発しています(参考文献③)。そこでは，子どもが自分を大切にすることと，他の人に共感する能力や違いに寛容になる能力を育てることが目標とされています。これらの感情や能力は将来人権について学ぶための重要な基礎になる，というのがこのプログラムの考えです。

また，現在まで最も積極的に人権教育の開発を進めてきた「ヨーロッパ評議会」(法の支配，民主主義，基本的人権などの保障を目指す組織で，いわゆる「ヨーロッパ連合(EU)」とは別の組織です)は，2002(H14)年に青少年を対象とした『コンパス』と呼ばれる人権教育のための総合マニュアルを(参考文献④)，そして2007(H19)年にはそれより低い年齢の子どもを対象とした『コンパシート』と呼ばれるマニュアルを公表しています(参考文献⑤)。これらにおさめられている学習活動は，頭だけでなく身体や心も使って取り組めるように工夫されています。子どもがそうした活動を通して，人権の基本的な考え方や，参加，暴力，差別，貧困と社会的排除，ジェンダー(社会的性差)，教育，健康，平和など，人権と深いかかわりのある概念の基礎を学ぶことが目指されているのです。

以上のプログラムやマニュアルが目指しているように，子どもが小さいうちから，自分や周りの人を大切にしたり，人権概念の基礎となる基本的な考え方を理解できるようにしていくことは可能です。子どもは一般的な「誰か」よりも身近で具体的な人びととのふれあいの中に生きています。その中で思いやりや優しさ，身近な人びとへの配慮，命の大切さなどを学ばせることは，やがて成長して本格的に人権について学んでいく際の基礎になるのです。

3．人権教育の課題

Q3 わが国で人権教育の課題とされていることは何でしょう。

A3 わが国では，知識，態度，技能の三つの側面のうち，態度的側面の育成のみに注目が集まってきました。その結果，人権に関する知識を教えたり，人権を守るために必要な技能を育てたりすると

いう観点があまり注目されてこなかったのです。今後は，三つの側面を総合的に育成する人権教育が進められる必要があります。

~~~~~~

　これまでのわが国の人権教育においては，人権が「思いやり」や「優しさ」としてとらえられる傾向がありました。また，人権教育は差別をしない「心構え」を育てるものだとする理解もありました。その結果，知識，態度，技能の三つの側面のうち，態度的側面の育成のみに注目が集まる傾向がありました。「優しい心」や「差別をしない心」を育てることに，もっぱら注目が集まってきたのです。

　人権教育に対する理解が広まるに連れて，この傾向は弱まってきています。しかし，態度のみが重視される傾向がなくなったわけではありません。たとえば，最初に触れた「人権教育の指導方法等に関する調査研究会議」は，都道府県や公立小中学校に対して人権教育の取り組み状況を調査し，2009（H21）年10月にその結果を公表しています（参考文献②）。そのなかでは，学校における人権教育では態度の側面に力点が置かれており，知識と技能の側面の育成が重視されていないと報告されています。

　たしかに，先ほど見てきたように，小さいうちに自分の大切さを実感し，周りの人への共感能力を身につけておくことは，後に人権について理解していく際に核となります。その意味で，人権にかかわる態度的側面を育てることは重要なことです。しかしそれだけにとどまらず，子どもの成長に合わせて，人権の意味や中身，人権を取り巻く法制度，社会のあり方などに関する知的理解や，人権を尊重する際に必要な諸技能をも高めていく必要があるでしょう。そうでないと，「心構え」はあるのに現実にどう人権を守ればいいのかわからないという子どもや，場合によっては，人権の意味を理解していないために建前として「人権は大事」と口で言うだけの子どもを育ててしまうことになるかもしれません。

参考文献
・文部科学省「人権教育の指導方法等の在り方について［第三次とりまとめ］」（2008年3月）
・文部科学省「人権教育の推進に関する取組状況の調査結果について」（2009年10月）

- ラルフ・ペットマン編著／福田弘監訳／内田多美訳『幼児期からの人権教育―参加体験型の学習活動事例集―』(明石書店, 2002年)
- ヨーロッパ評議会企画／福田弘訳／東さやか校閲『人権教育のためのコンパス [羅針盤] 学校教育・生涯学習で使える総合マニュアル』(明石書店, 2006年)
- ヨーロッパ評議会企画／福田弘訳／東さやか校閲『コンパシート [羅針盤] 子どもを対象とする人権教育総合マニュアル』(財団法人人権教育啓発推進センター, 2009年)

第4章　スクールカウンセラー

1. 教育現場の「いま」

Q1 数年前から，スクールカウンセラーの活躍が話題になっています。学校にスクールカウンセラーが必要とされるようになったのは何故なのでしょうか。

A1 学校現場には「いじめ」や「不登校」といった多くの問題が生じています。加えて近年では，子どもたちの対人関係スキルが未熟である，自尊感情が低い，貧困によって学習意欲が低下しているなど，様々な問題が指摘されています。そのため教師は，以前にも増して児童生徒を適切に理解し，的確な教育活動を行うことが求められるようになってきました。しかし，教師たちは日々の校務に忙殺され，十分に対応することが難しい状態にあります。そこで「心」に問題を抱えた子どもたちにカウンセリングを行なったり，教師に助言を与えたりするスクールカウンセラーが学校に導入されるようになりました。

(1) 子どもたちの「いま」

　2011（H23）年10月に起きた滋賀県大津市の中学2年生がいじめを苦に自殺した事件は，いじめの深刻さ，重大さを改めて思い起こさせるものでした。文部科学省が事件を受けて行った緊急調査（「いじめの問題に関する児童生徒の実態把握並びに教育委員会及び学校の取組状況に係る緊急調査」調査時期2012年8月1日〜9月22日）によれば，2012（H24）年4月から本調査日までの約半年間の国公私立小・中・高・特別支援学校における，いじめの認知件数は約14万4千件，児童生徒1,000人あたりの認知件数は10.4件でした。また，文科省「児童生徒の問題行動等生徒指導上の諸問題に関する調査（2011（H23）年度）」によれば，不登校者数（国公私立小・中学校）は小学生22,622人（約300人に1人），中学生94,836人（約40人に1人）となっており，友人関係や親子関係をめぐる問題，無気力，情緒的混乱が上位の理由となっています。さらに自殺者数（国公私立小・中・高等学校）が200人（小学生4人，中学生39人，高校生157人）となっていることなど（5割以上が理由不明），子どもたちは厳しい状況に置かれてい

ることが分かります。

　子どもたちは経済的にも困難な状況に置かれていることを「子どもの貧困率」から確認しておきます(厚生労働省「国民生活基礎調査」(2009 (H21) 年))。貧困率とは，全人口を等価可処分所得(所得税，住民税等を差し引いた所得)の順に並べて，その中央値((中央に位置する人の等価可処分所得)の半分(実質値112万円))に満たない世帯員(世帯を構成する各人)の割合のことです。この調査によれば，子ども(18歳未満)の相対的貧困率は，14.2%(国民全体では15.7%)で，おおよそ7人に1人の子どもが，貧困状態にあることになります。

　このように現在，子どもの学習・生育環境は必ずしも良好なものとは言えません。日本国憲法26条は，子どもが成長発達のために教育を受けることができる権利，学習することができる権利(「教育を受ける権利」,「学習権」)を保障しています。また，国際人権規約A規約(13条)や子どもの権利条約(28条)等にも同様の規定があります。全ての子どもの心身の発達にとって教育内容や学校設備を保障することは当然のこととして，さらに様々な問題と悩みに対応できる環境整備も必要です。そのため教師たちには，いじめや不登校，自殺などの原因や背景について理解する知識や考察力，適切な対応策を講じる力量を養うことが求められるようになってきました。しかし教師たちもまた，厳しい状況に置かれています。

(2) **教師たちの「いま」**

　文科省委託調査「教員勤務実態調査報告書」(2007 (H19) 年度，調査時期は2006 (H18) 年度)によれば，教師の通常期の勤務日における，おおよその残業時間は，小学校教諭90〜120分，持帰り仕事時間30〜50分，中学校教諭130〜150分，持帰り仕事時間20〜25分，全日制高校教諭60分，平均持帰り仕事時間25分となっています。つまり，教師は正規勤務に加えて毎日2〜3時間程度仕事に従事していることになります。

　このような「多忙化」は，各種会議，研修，様々な書類作成，保護者対応や生徒指導といった校務の増加などに拠るもので，教師たちを精神的に追いつめるものとなっています。たとえば，教師の病気休職者のうち精神疾患を理由とする割合が約62%(8,544人中5,274人)であることも，その一つの現れと考えられます(文科省「教育職員に係る懲戒処分等の状況について」2011 (H23) 年

度)。このような現状から、教師たちが子どもたちをめぐる問題に十二分に対応することはますます難しくなっていくでしょう。

(3) スクールカウンセラーの導入

学校では以前から子どもたちを支える活動として教師たちによる「教育相談」が行われてきましたが、教師たちではカバー困難な問題、特に「心」の問題に対処するために導入されたのがスクールカウンセラー(以下、SC。)です。SCは、子どもたちの悩みを聴き、問題解決を図ることを仕事としています。

SCは1995 (H7) 年度に初めて全国の学校に導入されました(「スクールカウンセラー活用調査研究委託事業」)。2001 (H13) 年度からは「スクールカウンセラー等活用事業補助」が開始され、2006 (H18) 年度には全国の中学校約1万校(4校のうち3校)、2007 (H19) 年度には全校分の予算措置がなされました。そして、2008 (H20) 年度からは公立小学校への配置が進められています。文科省は上記事業に併行して、2回にわたり (2007 (H19), 2009 (H21) 年度)、教育相談等に関する調査研究協力者会議を設置しました。その報告(「児童生徒の教育相談の充実について」2009 (H21) 年度)では、SCの活動を「教育相談」の一つに位置づけ、その役割や有用性について論じています。なお、現在のところ、SCに法的根拠はなく、文科省や自治体の事業として行われています。

2. スクールカウンセラーの役割

Q2 SCの仕事はどのようなものでしょうか。
A2 SCは、子どもたちの悩みを聞き、良い方向に向かうように支援する役割を担っています。しかし、それだけではなく、子どもの家族との面談を通して家庭内の問題を解決したり、教師たちの悩みを聞いたり、さらには校内の子ども支援体制を整備したりといった役割も担っています。また阪神淡路大震災以降、自然災害を被った子ども達への支援活動でも多くの成果を上げています。しかしまた、様々な課題も指摘されています。

(1) スクールカウンセラーの特徴と仕事

　SC の特徴として「専門性」と「外部性」を挙げることができます。専門性とは，教師にはない臨床心理の専門性を意味します。外部性とは，児童生徒，教職員，保護者いずれの立場とも異なることによって，誰にとっても相談しやすい存在であるということです。これらの特徴から教師との仕事内容も自ずと異なるものになります。

　SC には，主に三つの活動があります。第一に，子どもたちへのカウンセリング活動です。第二に，教師への助言や援助，研修活動です。加えて教師に対するメンタルケアも行います（但し，活用事業補助による SC の業務には含まれません）。そして第三に，保護者や地域に対する助言や援助，講演会，研修会活動です。

　第一の活動は，主に相談室での「カウンセリング」として行われていますが，予防的な働きかけとして，日常的に子どもたちに声をかけたり，お便りを発行したり，ストレスチェックを実施したりなど，様々な取組みを行っています。第二の活動はコンサルテーションと呼ばれるものです。これは，子どもについての見立てや方向性について教師に専門的な見地からアドバイスを行い，教師の生徒指導，保護者対応，職場内関係などの様々な活動に役立ててもらおうとするものです。仮に，SC の活動が子どもたち個々人へのカウンセリングに限定されるのであれば，学校全体としての教育活動にはなりません。つまり，教師と SC は個別にではなく連携協力して子どもの指導・支援にあたることになります（守秘義務との兼ね合いの難しさが指摘されています）。加えて，高いストレス下にある教師へのカウンセリングも重要な仕事です。そのため，SC は日頃から教師との壁をなくし，信頼関係を形成するように努める必要があります。第三の活動は，子どもにとって最も身近な家族へのカウンセリングを行うことや地域社会全体に働きかけを行い，問題理解や子ども理解を促すことです。

　なお，諸問題に福祉的に対応するためにスクールソーシャルワーカー（SSW）も導入されはじめています。SSW は，子どもたちの置かれている環境に着目して，家庭への働きかけや関係機関（教育委員会や児童相談所，社会福祉事務所など）と連携協力しながら問題解決を図ります。教師は SC や SSW 等や関係機関と連携をとりながら，子どもの学習環境を改善していくことになり

ます。

(2) スクールカウンセラーの資格

　SCになるための資格・要件は，基本的に地方自治体に委ねられていますが，多くの自治体は前述した文科省の活用事業（文科省が費用を一定程度負担）を利用しているため，財団法人日本臨床心理士資格認定協会が認定する「臨床心理士」資格の所有を要件としています。但し，文科省は臨床心理士のほかに「心理臨床業務又は児童生徒を対象とした相談業務」に一定の経験を有するものを「スクールカウンセラーに準ずる者」（教育カウンセラー，日本心理学会認定心理士等）として認めています。さらに，精神科医や心理学系の研究者もSCになることができます。このような資格等を要件とすることは，SCの専門性に期待しているからに他なりません。

(3) 効果と課題

　SCの効果として文科省（「教職員配置等の在り方に関する調査研究協力者会議」（第3回）配付資料［参考資料12］, 2005（H17）年）は，①「学校全体から見た効果」として，SCの助言によって学校全体での子ども理解が深まり，かつ家庭や関係機関との連絡がスムーズに進み，学校全体として生徒指導に取り組めるようになった，②「児童生徒・保護者から見た効果」として，SCが第三者的な存在であるため，遠慮することなくカウンセリングや相談を受けることができた，③「教員から見た効果」として，子どもたちとの接し方が変わり，適切な対応ができるようになった，とまとめています。以上のことから，SCは，教師たちにとっては，児童生徒理解や指導法の改善に有用な存在であること，児童生徒・保護者にとっても学校の相談環境を改善する存在になっていることが分かります。

　このような効果を上げているSCですが，その役割や養成制度，そしてその存在そのものへの批判もなされています。第一に，SCの仕事の範囲が不明確で，その負担が過重になってきていることです。当初は，子どもや保護者に対する支援活動が想定されていましたが，子どもたちをめぐる環境の悪化と教師の「多忙化」によって，学校・教師への支援，地域連携や予防的心理教育的活動など，その仕事内容は多岐に亘るようになってきています。そ

のため、SCと他職種（SSW等）との役割分担も曖昧なものになっています。

　第二に、人材と予算の確保です。SCが全ての子どもに適切に対応するためには、学校に常駐する必要があるとされていますが、予算措置との関係もあって、1つの学校に専属のSCが配置されることは少なく、非常勤の1人が数校を掛け持ちすることが多くなっています（1週間に1日8時間もあれば、月1日程度という場合もあります）。そのため、学校内の状況を十分に把握することが難しく、子どもにとっても教師にとっても利用しづらい体制になっています。また人材そのものが不足している地域もあります。さらに、SCのなかには臨床経験が少なく、学校現場についての理解が不足している場合もあり、養成課程も含めて質の保障が課題になっています。

　上述のSCの学校への配置を前提とした議論の他に、SC導入そのものに疑問を投げかける論者もいます。その疑問とは第一に、教師がSCに子どもを丸投げするようになるのではないか、というものです。学校のなかで子どもたちを最も理解しやすい/しなければならない立場である教師が、問題解決を全てSCに委ねてしまうようになっては、適切な指導ができなくなってしまいます。第二に、「心」を対象としたケア、カウンセリングの導入が、問題を個人の心の問題と捉え、物質的、経済的支援の必要性といった社会全体の問題として捉える視点を弱くさせてしまう、という疑問です。「子どもは社会を映す鏡」と言われていますが、「心」のケアが必要であるとしても、子どもの十全な学習・生育環境を保障するためには、子どもをめぐって現れる諸問題を、決して個人のみに帰属する問題とみなすのではなく、社会全体の病理と捉えていくことが必要です。

参考文献
- 荒牧重人他編『子ども支援の相談・救済』（日本評論社，2008年）
- 伊藤美奈子『スクールカウンセラーの仕事』（岩波アクティブ新書，2002年）
- 小沢牧子『「心の時代」と教育』（青土社，2008年）
- 吉田克彦，若島孔文編『小学校スクールカウンセリング入門』（金子書房，2008年）

第5章　特別支援教育

1. 特別支援教育とは

Q1 最近よく耳にする特別支援教育というのは何ですか？
A1 「特別支援教育」とは，2007（H19）年4月から行われている日本の障害児教育システムのことです。それ以前は，「特殊教育」という名前で行われていました。

(1) 特殊教育から特別支援教育へ

　特殊教育の時代には，盲・ろう・養護学校（現在の特別支援学校）および特殊学級（現在の特別支援学級）といった「特別な教育の場」でのみ障害のある子どもたちの支援が行われる仕組みとなっていました。けれども，その仕組みのもとでは，通常学級に通う軽度の障害のある子どもたちは「特別な教育の場」への転学・転校なしには特別な支援を受けることができませんでした。したがって，特別支援教育では，従来の「特別な教育の場」に加え，小・中学校の通常学級においても支援を受けることができる仕組みへと変更されました。

　また，従来の対象であった，視覚障害，聴覚障害，知的障害，肢体不自由，病弱・身体虚弱，言語障害，自閉症，情緒障害のある子どもたちに加えて，LD（学習障害），ADHD（注意欠陥多動性障害），高機能自閉症・アスペルガー症候群などの発達障害のある子どもたちが新たに支援の対象として認められました。（『人権Q＆Aシリーズ1 学校と人権』の「第11章 子どもの多様性」を参照）。これにより，通常学級に数多く在籍する発達障害のある子どもたちが，通常学級にいながら特別な支援を受けることができるようになりました（2012（H24）年12月，文部科学省は，全国の公立小・中学校の通常学級に発達障害のある子どもたちが6.5％程度の割合（40人学級で1クラスにつき2，3人の割合）で在籍している可能性があるという調査結果を公表しました）。

(2) 現行の特別支援教育

　現在,「個別の指導計画」「個別の教育支援計画」に基づいて, 障害のある子ども一人ひとりの教育的ニーズに応じた支援が各学校で実践されています。特別支援教育に関する校内での協力関係づくりや地域ネットワークづくりもすすめられ, 特別支援学校には, 地域の特別支援教育のセンター的機能（障害児教育の専門性をいかして, 地域の幼稚園, 小・中・高等学校に在籍する子どもの教育についての助言・支援を行う相談センター）を担うことが期待されています。各都道府県及び各市区町村の教育委員会には, 教育・医学・福祉の専門家からなる就学指導委員会がおかれ, 随時, 保護者への情報提供や相談に応じています。障害のある子どもの就学先については, 就学指導委員会の判断に基づき, 保護者や本人の意向を十分に尊重しながら同意を得て, 最終的に教育委員会が決定する仕組みとなっています。

　わが国の特別支援教育は, 新たな理念や仕組みを取り入れつつも, 特殊教育の時代の制度の枠組みや蓄積された実践経験・ノウハウの継承の上に成り立っています。したがって, 特殊教育の時代の制度内容や実践内容を十分に理解した上で, 現行の特別支援教育を把握することが望まれます。

2. ケアの視点から見た特別支援教育の課題

Q2 ケアとは,「相手を1人のかけがえのない固有の人間として見つめ, その人が自分の力で生きる/成長する能力を信頼する一方で, その人が生をまっとうするために必要な手助けとは何かに耳を傾けながら, 時に手を差しのべること」ですよね（第1章第1節を参照）。ケアの視点から見るときに, 現行の特別支援教育には, どのような課題がありますか？

A2 特別支援教育をケアの視点から見るとき, 実践のレベルにおいて, 教師が, ①目の前の障害のある子どもの生きる/成長する能力を信頼し, ②その子どもの声（表情やしぐさなどのノンバーバルな表現も含む）に目や耳を傾け, ③必要な時に手を差しのべているか, ということが問題になってきます。そうして考えるとき, 現行の特別支援教育では, 教師に障害についての知識や理解が不足している場合と, 教師が障害特性や「支援の型」にとらわれすぎている

場合に，ケアの視点を欠いてしまいやすい傾向を指摘することができます。

～～～～～～～～～～～～～～～～～～～～～～～～～～～～～～

(1) 教師に障害についての知識や理解が不足している場合

　特別支援教育を実践するにあたり，教師には，生活や学習上の困難をもたらす障害（少なくとも，自分が担当する子どもが持つ障害）についての最低限の医学・心理学的な知識や理解が不可欠です。無知や無理解は，障害がもたらす困難の見落しを招き，不適切なかかわりの積み重ねの末に，二次的な障害を引き起こすおそれがあります。例えば，授業中にイライラすると教科書を投げつける行動にでる高機能自閉症の小学生に対して，その都度，教師が「止めなさい！！」と叱責したり，腕や手をつかんで教科書投げを強制的に制止したりしている場合には，後々，その児童に，対人恐怖症や反抗的行為障害などの二次的な障害が引き起こされる可能性が考えられます。教師に高機能自閉症についての知識や理解があれば，本人がイライラする理由（例えば，急な時間割変更（予定順序へのこだわり）によるものではないか，など）を冷静に分析でき，叱責や強制的な制止による働きかけを意識的に避けることができます。障害のある子どもたちの生きる/成長する能力は，無理解による不適切なかかわりによって人一倍傷つきやすいものであるため，彼（女）らの能力を信頼し，助長するためには，子ども一人ひとりの持つ能力の特性，すなわち障害の特性を知ることが大切なのです。また，不適切なかかわりの積み重ねの末に，教師と子どもの人間関係が破綻してしまっては，子どもの声を聞くこともままなりませんし，そもそも，ケアの関係が成り立ちません。

　当初から，特別支援教育の充実にあたっては，教師の資質や能力を高めることが課題とされ，各都道府県及び各市区町村の教育委員会は，さまざまな研修の機会を設定して，特別支援教育の専門性の強化に努めてきました。しかし，現職の教師たちにおいて，未だ十分に障害の理解がなされているとはいえず，発達障害といった障害名のみが独り歩きしている現状があります。特別支援教育の時代にあって，校内外の研修等を利用しながら，すべての教師が障害についての最低限の知識や理解を持つことが求められます。

(2) 教師が障害特性や「支援の型」にとらわれすぎている場合

ただし，ケアの視点から見るとき，障害についての最低限の知識や理解を持つだけでは十分ではありません。

障害についての知識を習得した教師にありがちなのが，「○○障害の子どもには△△の支援法が有効」といった医学・心理学的な「支援の型」(療育的な支援方法) を教室に持ち込んで，困難を示す子どもに安易に当てはめる傾向です。先の高機能自閉症の小学生の例でいえば，「イライラして教科書を投げつける」行動を変容させるために，その児童には，適切な感情表現や感情コントロールに関するソーシャルスキルトレーニング (SST) が課せられることでしょう。実際に，こうした「支援の型」を使用した実践によって子どもの困難が改善されることもありますし，「支援の型」それ自体が問題なのではありません。問題なのは，子どもの行動の変容を強く求めるがあまり，教師が，「支援の型」を使用するプロセスにおいて，目の前の子どもの声に耳を傾けて相手にとって本当に必要な支援かどうかを吟味する時間や労力を省きがちだということです。つまり，当事者である子どもの内面理解に先行して，「支援の型」が使用されてしまいやすい傾向です。いかに効果的な支援方法であったとしても，子どもの声に耳を傾けるプロセスが省かれてしまう場合には，その支援は，ケアの視点を欠いた一面的な支援といわざるを得ません。先の高機能自閉症の小学生の例でいえば，本人が教科書を投げつける行動に対してどのような意味を込めているのか，また，その行動を変容させることは本人自身も望んでいることなのかといったことについて本人と対話する機会が支援のプロセスの中で持たれるべきでしょう。

そもそも，同じ障害名を持つ子どもであっても，困難の現れ方や発達の特性，興味関心，得意・不得意，家庭背景，生育史，学校環境，地域環境，年代，性別，人種などそれぞれに違いがあり，まったく同じ子どもは存在しません。また，障害は，障害のある子どもの一側面にすぎず，障害特性によって，彼 (女) の行動や性格などすべてを説明することはできません。障害特性や「支援の型」にとらわれすぎると，子どもの障害の側面だけにスポットライトをあててしまうことになり，「特別な支援」でありながら，一人ひとりの個別性を切り捨ててしまうことにもなりかねません。「相手を一人のかけがえのない固有の人間として見つめる」というケアの視点からすれば，子ども

の持つ障害の特性を十分に踏まえつつも，一人ひとりの生を包括的（ホーリスティック）に理解し，彼（女）らの声に応じた「支援の型」にとらわれすぎない「特別な支援」が実践されるべきでしょう。つまり，教師は，療育的な支援のみならず，対象の子どもとのコミュニケーションの取り方を工夫してみたり，対象の子どもの友だち関係に働きかけてみたり，授業内容や教材を工夫してみたり，特別授業を計画してみたり，学級経営の方針を変えてみたり，掲示物や机の配置・形態を変えてみたり，同僚教師や対象の子どもの周囲の大人たち（保護者や地域の人など）に働きかけてみたりなどしながら，柔軟性に富む多様な支援を試みるべきでしょう。

3．人権の視点から見た特別支援教育の課題

Q3 ケアの視点から見るときの現行の特別支援教育の課題については理解できました。それでは，人権の視点から見るときにはどのような課題がありますか？

A3 特別支援教育を人権の視点から見るとき，障害のある子どもの平等権と学習権・発達権の同時保障をめぐる課題を指摘することができます。

(1) 障害のある子どもの平等権

現行の特別支援教育は，特殊教育の時代からの通常学級と「特別な教育の場」（特別支援学級・特別支援学校）の分離体制（障害の有無によって就学先が異なってくる仕組み）を引き継いでいます。現在でも，通常学級への進学を希望するものの，学校環境の未整備等の理由から許可がおりず，心に葛藤を抱えながら「特別な教育の場」に進学せざるをえない障害のある子どもたち（や保護者）が少なからずいます。この分離体制は，長年，障害のある子どもの平等権に抵触する差別問題として指摘されてきました。そして，理想的には，障害の有無にかかわらず，地域の学校（通常学級）において健常の子どもたちと同一の教育の場が保障されることが望まれます。

(2) 障害のある子どもの学習権・発達権

　一方で，市場原理や競争主義の色彩を強める通常学級の現状において，教育の場の統合が急進的に推し進められる場合には，これまで特別支援学級・特別支援学校において保障されてきた障害（とりわけ中重度の知的障害）のある子どもの学習権や発達権が損なわれてしまう危険性があります。実践のレベルからすれば，同一の学級集団の中で学習目標の共有が難しい場合には，さまざまに授業方法を工夫したとしても，共に学ぶことのできる前提が整いません。したがって，障害のある子どもの学習権・発達権の視点から見るとき，平等権の保障を場の問題に矮小化せず，また，現状において特別支援学級・特別支援学校が実質的に果たしている役割を過小評価せずに，「一人ひとりの子どもにとって最適な教育とは何か」という基本的な問いから教育体制の在り方を議論する姿勢が求められます。

(3) 障害のある子どもの平等権と学習権・発達権の同時保障に向けて

　今後，障害のある子どもの学習権・発達権を保障しつつ，通常学級と「特別な教育の場」の分離を少しずつ緩和していくためには，通常学級を巻き込んだ公教育全体の改革を長い目で行っていくことが必要です。例えば，就学先決定の仕組みを改めること，学籍を地域の通常学級に一元化すること，都道府県立の特別支援学校を可能な限り市区町村立に移していくこと，通常学級において少人数クラスを実現していくこと，通常学級における健常児中心のカリキュラム/授業形態・方法/教室・学校環境/サポート体制を改変すること，教師の指導観・子ども観・発達観・障害児観を転換することなどが考えられるでしょう。

　こうした流れは，国連の障害者権利条約（2006（H18）年12月に採択）をはじめとした，欧米諸国のインクルーシブ教育への改革動向と通底するものです。インクルーシブ教育とは，端的にいえば，「一人ひとりの差異と多様性を尊重する態度と価値に基づき，全ての子どもに対し，それぞれの子どもの持つ多様な教育的ニーズに応じた適切なサポート付きで，地域の学校の通常学級を中心に，様々な学習活動への参加を平等に保障する教育」のことです。現時点において，すべての子どもを対象とするインクルーシブ教育と，障害のある子どものみを対象とする特別支援教育とでは，理念の上で本質的な違いが

ありますが，文部科学省は，中央教育審議会初等中等教育分科会・特別支援教育の在り方委員会の『論点整理』(2010 (H22) 年12月) の中で「インクルーシブ教育システム（包容する教育制度）の理念とそれに向かっていく方向性に賛成」であると表明しています（当委員会は，2012 (H24) 年7月に『共生社会の形成に向けたインクルーシブ教育システム構築のための特別支援教育の推進（報告）』を取りまとめ，公表しました）。こうした今後の特別支援教育をめぐる政策・改革動向に関心を払いつつも，Q2で示したようなケアの視点からの特別支援教育実践の充実が重要であることはいうまでもありません。

参考文献
・姉崎　弘『特別支援教育とインクルーシブ教育』(ナカニシヤ出版，2011年)
・日本特別ニーズ教育学会編『特別支援教育の争点』(文理閣，2004年)
・渡邉健治編『特別支援教育からインクルーシブ教育への展望』(クリエイツかもがわ，2012年)

第6章　女性の被害とケア

1．女性の被害

> **Q1** 女性がよく遭う被害には，どのようなものがあるのでしょうか。
> **A1** 女性がよく遭う被害には，いろいろなものがあります。例えば，親しい間柄で起こる暴力，「ドメスティック・バイオレンス（domestic violence）」（以下，DV）は，複数の調査によって，男性と比較して，女性が被害に合う比率が高いことが明らかにされています。また，強姦などの性暴力や，職場等において相手の意に反する性的言動を行う「セクシュアル・ハラスメント」の被害者の多くも女性です。本章では，主に DV について説明します。

(1) DV とは

DV とは，交際や結婚，事実婚など親しい間柄（交際・離婚後を含む）における様々な形態の暴力を指します。DV は，殴る，蹴る，物を投げるなどの身体的な暴力だけでなく，言葉や身振りによる脅し，或いは無視することによって精神的な苦痛や恐怖をもたらす精神的（心理的）な暴力，性的な行為を無理やり行う性的暴力，経済力を奪う経済的暴力，社会的に孤立させる社会的暴力も含まれます。配偶者ではない，交際中の相手からの暴力を，DV と区別して，デート DV と呼ぶ場合もあります。

(2) DV とデート DV の現状

内閣府の『男女間における暴力に関する調査』（2012（H24）年 4 月）によれば，配偶者（事実婚や別居中の夫婦，元配偶者を含む）から，「身体に対する暴行」や「精神的な嫌がらせや脅迫を受けた」り，「性的な行為を強要された」ことのある割合は，女性 32.9％，男性 18.3％と，女性の約 3 人に 1 人が DV を経験していることがわかりました。また，配偶者の暴力によって命の危険を感じたことのある女性は 20 人に 1 人と，女性の被害が深刻であることが明らかにされました。なお，交際中の相手から暴力（デート DV）を受けたことのある人は，女性 13.7％，男性 5.8％であり，女性の 10 人に 1 人が交際中に被害

を受けていました。このように親しい間柄における暴力は大きな社会問題となっています。

2．DVの被害者に女性が多い背景と要因

Q2 DVには，どのような背景や要因が考えられるのでしょうか。女性が被害を受ける割合が高いのはなぜでしょうか。

A2 DVの背景には，①暴力が社会に受け入れられていること，②女性は家庭で家事・育児・介護などの「無償労働」（賃金の支払われない無償の家庭内労働）を，男性は有償労働を行う性別役割分業が存在すること，③男性は積極的な言動を，女性は受動的な言動をすることをよしとする性の二重規範があることが挙げられます。DVに女性の被害が多いのは，DVが「ジェンダー」（社会的・文化的に作られる性差）と関係していることを示しています。

(1) 性別役割による力関係

現代の日本では，妻が（外で働いていたとしても）家事や育児，介護などの無償労働を行い，夫は外で働くことを主として，ほとんど家事や育児などの無償労働を行わない，夫婦間におけるジェンダーによる性別役割分業（意識）が存在しています。また，日本の多くの企業は，出産や育児，介護を行わない男性労働者を労働者の基準モデルとしており，出産や育児，介護をしながら働き続けることのできる労働条件・環境を前提とはしていません。その結果，日本においては，有償労働をより価値のあるもの，家事や育児，介護などの無償労働を価値のないものと見なすことを促すとともに，親しい間柄に経済的・社会的に非対称な力関係を生み出します。したがって，DVは，経済的・社会的な非対称な力関係が，親しい間柄において暴力という形として現れた社会問題と捉えられるべきでしょう。

(2) 二重規範

男性が小さい頃から積極的・主体的に意見を述べたり，能動的に行動する

ことが期待されることが多いのに対して、女性は控えめに話したり、補佐的に何かを行うことが好ましいとされます。このようなジェンダー間の二重規範は、DVにおける男性から女性への暴力を誘発するとともに、男性の暴力を肯定しやすいと考えられます。また、DVやセクシュアル・ハラスメントにおいて性暴力が振るわれる背景には、女性は性に対して受動的な存在として位置付ける一方で、男性は性的に積極的である（べきである）として男性の性的欲望を公認する「性の二重規範」が存在していると考えられます。したがって、性暴力が起きる背景だけでなく、性暴力の被害について語ることを難しくしてきた歴史的・社会的な背景があることを考慮しなければなりません。

3．DVの被害に対する法的ケア

Q3 DVの被害を受けている/受けた女性に対して、どのようなケアが必要とされているのでしょうか。

A3 DVの暴力は様々な形をとるため、その被害も様々です。説明することができないような苦しみや痛み、屈辱や恐怖の感情を、被害を受けた人にもたらしたり、被害者の大切な人間関係を壊してしまうことがあります。様々な被害に対処するためには、法的なケアによって被害者を守るとともに、一人一人の被害者の視点に立った、適切で、きめ細やかな精神的なケアを行う必要があります。

(1) DVの法的ケアの現状

2001(H13)年、超党派の女性議員らの努力によって、「配偶者からの暴力の防止及び被害者の保護に関する法律」（以下、DV防止法）が作られました。DV防止法は、配偶者（事実婚を含む）による暴力は、重大な人権侵害であり、犯罪であることを明記し、配偶者から「身体に対する暴力又は生命等に対する脅迫を受けた」被害者は、加害者である配偶者に対して保護命令（接近禁止命令、電話等禁止命令、退去命令など）の申し立てを行うことができると定めています

(第10条)。法の対象は法の改正とともに拡大され，2004 (H16) 年施行の改正DV防止法では，離婚後の被害を考慮し，「配偶者」に元配偶者と子どもが追加されました。また，交際相手からの暴力への対処やその被害者の保護が課題となっていたことから，2013 (H25) 年には，同居の交際相手（同居していた交際相手を含む）をDV防止法の対象範囲に加えたDV防止法第三次改正案が国会で可決されています。

2008 (H20) 年の第二次改正DV防止法では，被害者が相談したり，緊急時に安全を確保することのできる，配偶者暴力相談支援センターの設置と，「DV防止基本計画」の策定が，各市町村の努力義務とされました。配偶者暴力相談支援センターは，相談員による電話・対面相談や，情報提供，関係機関との連絡調整，被害者の一時保護，保護命令に必要な「相談証明書」の発行，被害者の自立に向けた継続的サポートなど，被害者の支援・ケアに努めるものとされています。また，DV防止法施行以前から，色々な地域に，女性団体等による民間のシェルター（避難所）が設けられ，被害者の一時避難所や相談所として利用されてきました。これらのシェルター関係者たちは，DV防止法がDVの被害や被害者の実態に合った，適切なケアが行われるよう，法改正に大きな役割を果たしてきました。

(2) **DVの法的ケアの問題点と課題**

支援やケアの現場では，DVには，事実婚や恋人関係などにおける暴力も含まれます。しかし，DV防止法の「配偶者」は，同居の交際相手を含むことになったものの，同居していない恋人関係にある者は含まれません。また，DV防止法の保護命令の対象となるのは，「身体に対する暴力または生命等に対する脅迫を受けた」被害者に留まり，精神的暴力や性的暴力など，いずれも被害者に大きな影響を及ぼすと考えられる暴力を対象とはしていません。法的なケアの対象となる範囲や暴力の形態を，被害の実態に合わせるとともに，加害者の処罰に留まらない，被害者の心的サポートを中心としたケアを法的に行う必要があります。

心のケアを行うためには，地域的なネットワークを駆使したサポート体制が不可欠ですが，DVとデートDVの被害が増加・深刻化しているにもかかわらず，第二次改正DV防止法が市町村に努力義務として課している，配偶

者暴力相談支援センターの設置やDV防止法基本計画の策定がなかなか進んでいません。配偶者暴力相談支援センター，民間のシェルター，いずれも設置されていない地域もあります。あらゆる被害者が相談や支援を速やかに受けることのできる環境作りが求められています。

4．DVの被害のためのよりよいケアに向けて

> **Q4** 被害を受けた女性のケアに関わる際，どのようなことに気をつけるべきでしょうか。
>
> **A4** DVの被害者は，落ち込んだり，悲しくなったり，怒ったり，不安になったりと，感情面で不安定になるとともに，眠りにくくなったり，体調を壊したりと，身体面でも不安定になることがあります。そのため，被害を受けた人々のケアに関わる場合，様々な問題が生じる可能性があり，これらの問題をできるだけ生じさせないよう配慮しなければなりません。

(1) 二次的被害

　DVや被害者への影響についての十分な理解がないと，援助者（警察官，カウンセラー，医師，看護師，友人，親族，弁護士など）による二次的被害が起こるかもしれません。被害者側の「責任」や「落ち度」を追及したり，被害者が暴力を招いたと疑うことで，被害者がさらなる被害を受けないよう配慮する必要があります。また，DVにおける加害者と被害者の複雑な関係を理解しないまま，加害者から離れない被害者を責めることは，被害者を孤立させ，追い詰めてしまうことになりかねません。このような事態を防ぐためには，A2で記したように，DVの起こる背景に，ジェンダーに関わる役割分業や二重規範が存在することを心に留めておくことが大切です。そして，援助者もジェンダー化された経験をしてきたこと，自分自身にジェンダー・バイアス（ジェンダーによる偏見）が含まれるかもしれないことを認識する必要があるでしょう。

(2) ケアする人とケアされる人との間の力関係

　ケアを行う人は、ケア（相談・支援を含む）を受ける人とケアを行う人との間に力関係、上下関係ができてしまうかもしれないことを自覚する必要があります。ケアを行う側が、ケアを受ける人を、固定化された「被害者像」の中に押し込めてしまうことは、ケアを受ける人を無力で、判断力のない人と見なし、本人がケアの選択を行うことを難しくしてしまうかもしれません。ケアを行う人は、「被害者は○○である」と決めつけてしまうことを避けねばなりません。被害を受けた人を、ケアを選択・判断する主体として、「サバイバー」「当事者」と呼び、ケアを通して各個人を尊重することも行われています。

(3) 経験を語ることと聞くこと

　体験を語ることは、語り手（被害を受けた人）にとって、自分の経験や感情に意味を見出していく重要な一歩ですが、ケアを行う人は、被害者が語った後に、さらなる苦しみを抱え込むかもしれないことを理解しなければなりません。また、同時に、聞き手（ケアを行う人）は、今まで聞いたことがない、どんなカテゴリーや関係性にも収まらず、解釈できないような、語り手の経験に出会うかもしれません。このような被害の経験を聞くことは、聞き手にとって、自分の信じてきた関係性や枠組を問題化しなければならない「危険な」ことであるかもしれません。しかし、だからこそ、私たちは、ケアにおける、語ることと聞くことの難しさと向き合いながら、ケアという実践を行っていくべきではないでしょうか。

参考文献
- 石井朝子編著『よくわかる DV 被害者への理解と支援』（明石書店、2009 年）
- 金城清子『ジェンダーの法律学〔第 2 版〕』（有斐閣アルマ、2007 年）
- 鈴木隆文、麻鳥澄江『DV—援助とは何か　援助者はどう考え行動すべきか〔3 訂版〕』（教育史料出版会、2008 年）
- リンダ・ジンガロ『援助者の思想』（お茶の水書房、2008 年）

第7章　高齢者医療

1. 患者の希望と家族の希望

> **Q1** 療養病床に入院している90歳の患者さんの看護をしています。どうも，ご家族に遠慮をしているようで，特にご家族がいらっしゃる前では希望を述べたがりません。誰の意思に従うのがよいでしょうか。
>
> **A1** 患者の自己決定権という観点からは，本人の意思に従うことが求められます。高齢者の場合，意思を聞き出すために，慎重なコミュニケーションが求められます。

　高齢の患者は，家族への遠慮などから，自分の希望を表さないことがよくあります。そのため，医療・看護や介護の現場では，もっぱら家族の中のキーパーソンと話して決定をすることが多いようです。しかし，本来，自分の生き方は自分で決められてしかるべきですし，家族への遠慮がストレスとなって入院中の生活が苦痛となってしまっては，病気の治癒も望み薄となってしまうでしょう。基本的には，本人に決定権があると考えるべきと考えたほうが良いように思います。もちろん，家族との関係は無視できませんので，家族とも話をすることが必要となりますが，その場合にも，本人の意思を確認するように留意すべきと考えます。

2. 能力の判定にあたって

> **Q2** 患者さんは，医学的・看護的には不合理な希望を述べます。この場合であっても患者さんの希望を重視すべきでしょうか。
>
> **A2** 希望が不合理というだけで自己決定の能力に欠けると考えるべきではありません。

　患者は，医学・看護の常識から離れた，場合によっては理解できない希望

を述べるかもしれません。しかし、不合理であることは必ずしも能力がないことを意味しません。それぞれの人は（たとえ周りの人から理解されなくとも）それぞれの生き方をする権利がありますし、また、医療者はしばしば医療の常識でものを考えがちな一方で、患者は医療の常識とは違う考えを持つこともあるからです。たとえばこの点、イギリスにおいては、制定法も裁判例も、患者は基本的に能力があるものと考え（つまり、無能力とされるためには、本人が「ぼけている」ことが証明されなければならない）、患者の希望が不合理というだけでは無能力とはされないとしています。わが国においても、成年後見制度においては、能力を失う前の本人の希望を重視する（任意後見制度）だけでなく、能力が減弱した後も、残された能力をできる限り重視する（事理弁識能力の程度に応じて行為能力を制限する）ことが規定されています。医療上の決定にあたっても、出てきた結論が不合理だとしてすぐに退けるのではなく、なぜそのような結論に至ったのか理由を考え、また、その結論が受け入れにくいのであれば、理由を示して話し合うべきでしょう。

3. 患者をベッドに縛り付けてもよいか

Q3 患者さんが、痴呆や妄想から、暴れることがあります。看護師の数が足りない夜間は転倒等が心配です。患者さんの安全を確保するために、ベッドに縛り付けてもよいでしょうか。

A3 患者さんの安全を確保するために必要で、かつ、代替手段がない場合には認められますが、単に看護師不足というだけでは違法とされることとなるでしょう。

(1) 医療・介護の現場と判決

高齢者医療や介護の現場においては、一方では運動能力が落ちていることなどから患者が転ぶことがあり（子供が誤って触れたため閉まってきた防火扉にぶつかって71歳の患者が大腿骨を骨折したケースで、高齢者や病気の人が訪れる病院においては、事故を避けるため利用者の安全に注意をしなければならない、として病院に2010万円の賠償を認めたケースがあります（福島地会津若松支判 2000（H12）8・31 判時 1736・

113))、その一方ではベッドにしばりつけること（抑制といいます）は避けるべきだという理想が語られ、現場はいってみればジレンマにたたされているといってよい状況なのかもしれません。急性期病棟に入院中の80歳の患者が、薬による眠気やうまく動けない状況（運動失調）にあり、また夜間に譫妄が見られるため、ベッドにひもで固定された手袋を装着させられ、両腕が動かない状態にされたという事例がありました。第1審は、患者が看護師の制止にもかかわらずベッド上に起き上がったり車いすに乗ったりし、さらに、これまで入院中に転倒して恥骨を骨折していること、腰痛のためリハビリテーションが行えなかったこと、運動行為が不安定であったこと、精神安定剤の副作用としてふらつきがあること、などを理由に、抑制は必要で、他の手段も存在しなかった、として、病院の責任を認めませんでした（名古屋地判一宮支判 2006（H18）9・13）。第2審は、譫妄の原因に病院の診療・看護上の不適切さがあったことを指摘した上で、看護師が付き添い、患者の入眠を待つことが不可能とはいえなかったのに、このようなことを行わずに抑制を行ったことは違法であるとして、35万円の損害賠償を認めました（名古屋高判 2008（H20）9・5）。最高裁は、事実認定を高裁と異にし、その日に看護師がつきっきりで対応することは困難であり、抑制はやむを得なかったとして、損害賠償を認めませんでした（最判 2010（H22）1・26民集64・1・219）。

(2) 考え方

患者の同意のない抑制が、原則として許されないのはいうまでもないことです。しかし、抑制をする必要性がその違法性を退けるほど大きい場合には、許される（違法性が阻却される）ものと考えられます。生命倫理学の言葉を借りると、患者さんの自己決定権の尊重（respect for autonomy）よりも患者さんの安全を守る（nonmaleficence）方が上回る、といういい方ができるかもしれません。ただし、許されることがあるにしても、安易に考えることは許されず、患者さんの保護のためにどうしてもやむを得ない場合に限られると考えるべきで、看護師不足ということは抑制を正当化しないように思われます（なお、先ほどのケースにおいては、介護保険施設の指定の要件である「利用者又は他の利用者等の生命又は身体を保護するため緊急やむを得ない場合とされ、具体的には、切迫性、非代替性及び一時性の要件を満たすこと」が急性期病棟が舞台である本件に適用になるかが問

題となりましたが，高裁は，違法性の判断基準が介護保険施設と急性期医療施設とで異なるとすることはできないとしました)。

4．終末期における治療の中止・差し控えについて

Q4 終末期の患者さんがいらっしゃいます。ご家族はできる限りの治療を，と望んでいらっしゃいますが，どのように考えたらよいでしょうか。

A4 判断能力を失うまでに患者さんの希望を聞いておいたり，あるいは，家族から，患者さんの希望と思われるものを聞き出したりすることが望ましいと思われます。家族から聞く場合，患者さん本人の推定される希望と，家族自身の希望とは違うことがあり得ることに留意すべきでしょう。

(1) 終末期の医療決定をめぐる現状

　終末期になると，意識レベルの低下などにより，患者とコミュニケーションをとるのが困難になり，本人の希望ないし意思の確認は難しくなります。ですから，終末期における医療上の判断については，現在の本人の意思は分からず，これによることができない場合が多くなるわけです。そこで，厚生労働省，日本医師会，いくつかの学会が，ガイドラインを出しています。このうち，救急医学会のガイドラインは，家族と話し合うことを原則としていますが，これは，救急という特殊事情によるものと思われます。これ以外の，厚生労働省，日本医師会，老年医学会のガイドラインは，何とかして患者の意思を探ろうとします。たとえば，厚生労働省のガイドラインにおいては，まずは，意識のある間に患者本人と話をしておく，あるいは，リビングウィルと呼ばれる，意識のあるうちに患者が書いておく書面によることによることとし，それができない場合，家族と話をすることになるのですが，その場合でも，家族が本人の意思を推定できる場合にはそれにより，推定できない場合も，患者にとっての最善の治療方針をとることとされています。また，決定にあたっては，一人の医療者で決めるのではなく，多職種からなる医療・

ケアチームで話し合うことが求められています。

　いくつか問題点を挙げます。まず，リビングウィルについて，それを書いたときから患者の意思が変わっていないことを確認する必要がありそうです。リビングウィルは，過去に書かれたものであって，現在の意思については，あくまで，それを推定するための一手段であるからです。次に，家族と話し合う場合，本当に家族が患者の意思を探ろうとしているのか，あるいは患者の意思と称して家族自身の希望を述べているのかは，慎重に区別するべきです（厚生労働省のガイドラインがこのことを注意しています）。もちろん，家族は，この2つを入れ込んで希望を述べるかもしれませんので，それだけ，医療スタッフが慎重に判断をすることが求められます。

(2) 治療の中止・差し控えをめぐる問題

　なお，積極的に生命を絶つことだけでなく，生命維持に必要な治療を止めることも，殺人罪になりえます。いわゆる川崎協同病院安楽死事件において，最高裁は，筋弛緩剤の投与だけでなく，気管チューブの抜管も違法性があるとしました。その理由は，余命を的確に診断する状況ではなかったこと，家族に適切な情報が伝えられていなかったこと，本人の推定的意思に基づくといえないこと，の3点でした（最判2009（H21）12・7刑集63・11・1899）。治療を止めることが殺人罪となるためには，その前提として，治療を続けることが医療者の義務と考えられることが必要であるため（不作為犯における作為義務の必要性。第14章1を参照），おそらく，上述のような手続を経て方針が決まっていれば，殺人罪にはならないものと考えられます（実際に，生命維持治療の中止については不起訴処分が続いています）。

(3) 在宅で終末期を迎える場合

　また，近年は，診療報酬の関係で，特に高齢者が入院を継続できず，病院から出ていかなければならないという状況があります。もちろん，「最期は畳の上で」というお年寄りもおられるでしょう。しかし，これが，単にお金の問題だけで，つまり質の低いケアで我慢しなさい，ということになってはいけないのは当然ですし，また，在宅での終末期を診てくれるお医者さんの不足，また，介護保険などのサービスの量・質両面の不足による家族への負担，

など，さまざまな問題があります。ケアをする人のケアが必要なことについては，第1章3(3)を参考にしてください。

参考文献
・「痴呆高齢者の転倒・転落事故」赤林朗，大林雅之編著『ケースブック医療倫理』（医学書院，2002年）
・大林雅之，徳永哲也（責任編集）『高齢者・難病患者・障害者の医療福祉』（シリーズ生命倫理学8）（丸善出版，2012年）
・堀勝洋，岩志和一郎『高齢者の法律相談』（有斐閣，2004年）
・山口浩一郎，小島晴洋『高齢者法』（有斐閣，2002年）

第8章　高齢者の被害と加害

1. 高齢者の被害について―高齢者虐待を中心に―

Q1 高齢者虐待が社会問題となっていると聞きます。まわりにも親の介護をしている人もおおく，また私自身も年を取ってきています。親の介護をするようになった場合や自分が介護される側になったときのことを考えると不安です。高齢者虐待を防いだり，解決したりするためにどのような制度がありますか？

A1 高齢者の尊厳を守ることを目的として，高齢者虐待に関して「高齢者虐待の防止・高齢者養護者に対する支援等に関する法律」（以下，高齢者虐待防止法）が2006（H18）年に施行されました。この法律には，虐待の定義や虐待の予防・発見・対応といった行政機関などの役割が定められており，行政機関とりわけ市町村は，高齢者虐待への対応の中心的な役割を担っています。ただ，市町村だけでは虐待に十分に対応できませんので，各種団体や専門家による協力が欠かせません。

日本は世界の中でも高齢者の多い社会です。人口の約4人に1人が高齢者という高齢化社会となっています。このことは，平均寿命が延びているという良い面を表しているといえます。しかし他方で，高齢者の増加は，高齢者が犯罪や虐待の被害者や加害者になる可能性が高くなるという負の部分も持っています。以下では，まず，高齢者が被害者になる事例，とりわけ高齢者虐待を中心に見ていきましょう。

(1) 高齢者虐待について

高齢者虐待防止法では，高齢者を「65歳以上の者」とし，虐待を「養護者による高齢者虐待及び養介護施設従事者等による高齢者虐待」と定義しています。具体的には，殴ったり蹴ったりして傷つけるまたは傷つけるおそれのあるような暴行を加える「身体的虐待」，身の回りの世話をほとんどしない「ネグレクト」，暴言などで心を傷つける「心理的虐待」，高齢者にわいせつな行為をするまたはさせる「性的虐待」，高齢者の財産を不当に処分したり，不当

に高齢者から利益を得る「経済的虐待」などがあります。そしてこれらの虐待は，家で養護する人の虐待と施設で養護する人の虐待に分けられています。

また，高齢者虐防止法には規定はありませんが，セルフネグレクト（自己放任）も高齢者虐待として問題となっています。セルフネグレクトは，他者から虐待を受けるのではなく，自身の生活能力や意欲の減退などによって自分自身によって身の回りの世話ができなくなることです（東京都福祉保健局）。

高齢者虐待の態様は多種多様で，多くの人々にとって関わりがないと言えない問題でもあります。高齢者を養護する人は，自身の行動に責任を持つことが要求されることはもちろんですが，第三者も虐待が行われないように注意する必要があります。またセルフネグレクトへの注意も必要です。

(2) 虐待の状況と行政機関の責務

施設における虐待の被害者の状況は，男性よりも女性が多く，年齢が高くなるにつれて被害を受ける割合が高くなっています。また，虐待を行った年齢については，虐待の被害者とは反対に，年齢が低くなるにつれて割合が高くなる傾向にあります。

高齢者虐待が起こる原因について，虐待する人や高齢者の性格や家族との人間関係，介護の負担，家族や親族との関係，経済的な理由（介護にはお金が必要ですが，高齢者本人に加えて，家族にもその負担がかかります。このことが高齢者虐待の1つの原因と指摘されています。）を挙げることができます。

高齢者虐待防止法では，高齢者虐待への対応，つまり予防，早期発見，対応等について，市町村がその責務を負うとしています。市町村の責務としては，助言や指導，虐待防止のネットワーク構築などの体制整備や事実確認など通報を受けた後の具体的対応を挙げることができます。しかし，市町村だけでは，虐待を防止することは大変困難であるため，都道府県や各種団体や専門家（代表的なものとして，地域包括支援センター，介護保険サービス事業者，弁護士，医師など）の協力が不可欠となります。様々な要因から虐待は起こりうることを意識し，高齢者の養護に関わる人は自分たちの得意分野の知識を活かしながら，虐待が起こらないように連携する必要があるといえます。

2. 高齢者虐待への対応

Q2 もし高齢者虐待と思われる場面にであった場合，どのようにしたらよいでしょうか？ また，高齢者虐待への対応はどのように進められるのでしょうか？

A2 高齢者虐待への対応は，家で養護する人の虐待と施設で養護する人の虐待とに分けて考えられます。家と施設では，対応の違う部分もありますが，どちらも対応の進め方としては，発見・通報→事実確認（立ち入り調査含む）→事実確認後の対応というプロセスとなっています。

(1) 家で養護する人による虐待の場合

　高齢者虐待は早い段階で発見され，虐待を受けている高齢者がケアされるよう対応することが重要です。そのため，虐待を発見した人は市町村に通報しなければなりません。この義務は，高齢者と関係のある者や団体にとどまらず，発見した者すべての人に課せられる義務です（努力義務）。そしてこの義務がきちんと果たされるために，医者などが秘密を漏らしたとして罪に問われることがないように配慮されています。さらに，個人情報を第三者に提供してはいけないとされている事業者については，高齢者虐待の場合，情報提供は禁止されません。また，通報者が特定されないように，市町村には秘密を守る義務が課せられており，虐待を発見した後の通報がきちんとなされるような仕組みがつくられています。

　通報を受けた市町村は，事実を確認するため調査を行います。通報者からの事情聴取などから，できるだけ客観性の高い情報を集めます。虐待された本人から話を聞く場合には，できるだけ養護する人がいない状況で行い，本音が聞けるような工夫が必要となります。また，虐待をしたと疑われている人からの話も重要ですが，調査されたことに怒って虐待がひどくなることを避けなければなりません。

　この調査は，警察などの調査と異なり，強制力を伴わない調査となります。

ただし，高齢者の命や体に危険が生じているおそれがある時には，立ち入り調査ができる場合もあります。その際，必要と認められる場合には，警察署長に援助を求めることもできるようになっており，立ち入り調査を拒否すると，罰せられる可能性があります。

虐待の事実が確認されると，養護者から高齢者を一時的に離して，保護しなければなりません。保護する手段としては，虐待されている人を病院に入れて養護する人と離す方法，特別養護老人ホームでの緊急一時保護（緊急ショートとも言われ，特別養護老人ホームへの一時的な非難），特別養護老人ホームへの入所などといった対応があります。また，高齢者虐待防止法ではなく，DV防止法（詳しくは，第6章参照）による保護などもその手段として挙げることができます。

(2) 施設で養護する人による虐待の場合

施設で養護する人によって行われる虐待としては，身体の拘束を典型例として挙げることができます。これは，体をベッドなどにしばりつけ，行動を制限したりするものです。施設における虐待は，多くの場合密室で起こる虐待ですので，公になっているものはその一部であると考えられています。

施設における虐待の原因には，世話をしてあげているという意識や権利を守るという意識の低さなどがあります。そのため，研修の実施が，高齢者虐待防止法により義務付けられています。

家で養護する人と同様，施設で養護する人には，虐待を発見した場合，市町村等への通報が義務付けられています。通報を受けた市町村は，事実確認を行い，しかるべき対応をとる必要があります。

施設で養護する人には，施設における虐待についても通報をしなければなりません。このことは，内部告発を義務付けるものです。そのため，通報を受け付ける側には，法律上も事実上も通報した人が不利に扱われないように対処することが重要となってきます。

高齢者虐待は，身近な問題です。自分自身が虐待の被害者あるいは加害者になってしまう可能性はおおいにあります。そのため，高齢者を養護するということを他人の問題と考えず，自分自身を含めた社会の問題と認識する必要があるでしょう。

高齢者を養護するうえでは，以下２つのことを意識することが重要であると思います。１つには，高齢者が自分自身で出来ないことをスムーズに行えるようにバックアップし，ケアするということ。もう１つは，高齢者の自尊心やこれまでの人生を尊重するということ。これら２つのことを意識しながら，高齢者を保護の対象としてみなすのではなく，もちつもたれつの関係を維持することが重要であると思われます。

3．高齢者の犯罪

Q3 高齢者による犯罪が増えていると聞きます。おじいちゃん，おばあちゃんはやさしくてとても悪いことをするようには思えません。高齢になって罪を犯す理由はなんでしょうか？　また，刑務所に入る場合，高齢受刑者は，他の若い受刑者と同じように扱われるのですか？　刑務所から出てきた後の社会復帰については，どのようになっていますか？

A3 高齢者による犯罪は，近年増える傾向にあります。ほとんどすべての罪種で増えており，その要因も様々です。高齢受刑者に対しては，心身の健康回復，生きがいを持つことなどが意識されます。刑務所から出てきた後については，受け入れ先がないということが１つの大きな課題となっています。

(1) 概要

罪を犯したとして捕まる人は近年減る傾向にありますが，高齢者による犯罪は増える傾向にあります。総人口に占める高齢者の人口の増加による高齢者犯罪の増加ではなく，高齢者人口における犯罪者率が増加しており，人口増加を超える割合で高齢者犯罪が増加しています。若い頃から犯罪を繰り返す場合と，高齢になって初めて罪を犯してしまう場合があり，犯罪内容をみると，ほとんどすべての罪種で増える傾向が見られます。とりわけ殺人と窃盗では，高齢者の検挙率が高くなっています。殺人については，配偶者の割合が高く，介護疲れなどがその原因として考えられます。また窃盗については，経済的な苦しさからだけではなく，お金を持っているにもかかわらずな

される場合もあり，身勝手な動機，寂しさを紛らわすため，さらには「節約」などの様々な要因があります。

(2) 受刑者における高齢者の特質

　受刑者への処遇については，社会復帰したのちに再び罪を犯さずに生活していけるように対応することが意識されています（詳しくは，10章参照）。高齢受刑者についても，社会復帰を視野に入れた処遇が必要となってきます。ただ，高齢者には，心身に問題を抱えている場合やアルコール問題を抱えている場合も多く，心身が健全な状態で社会復帰できるようなケアが必要になってきます。さらに，社会復帰後の生活について，年金や仕事によって生活をすることが難しい高齢受刑者には，生活保護を受けられるようにするなどの指導を行ったりもしています。

(3) 社会復帰における高齢者の特質

　刑期を終えた受刑者は，社会へ復帰していきます。高齢者もその例にもれません。高齢者による犯罪の増加に伴う高齢受刑者の増加によって，刑事施設から出てくる高齢者の数も必然的に増えています。他方，刑期がすべて終わる前の仮釈放（本人にとって改善更生になると認められる場合，刑期満了前に一定の条件のもと刑務所から釈放する制度）については，年齢が上がるほど割合が低くなっています。これは，釈放後の受け入れ先がないなどの問題が原因とされています。受け入れ先がなかったり，心身に問題を抱え自立が困難であったりする高齢者については，出所後の生活が安定する施策を採る必要があります。

参考文献
- 倉田康路／滝口真監修／高齢者虐待防止ネットワークさが編著『高齢者虐待を防げ』(法律文化社，2011年)
- 冨永忠祐『Q＆Aドメスティックバイオレンス　児童・高齢者虐待対応の実務』(新日本法規，2009年)
- 特集「高齢者犯罪を巡る諸問題」『犯罪と非行』第173号所収論文（公益財団法人　日立みらい財団，2012年8月）

第9章　障害者とケア

1. 障害とは？　障害者のケアにおいて気をつけるべきこと

Q1 障害とは，そもそも何のことをいうのですか？　また，障害者をケアするとき，注意すべきことは何ですか？

A1 「障害とはなにか」をめぐる問いに対しては，いろいろな議論がなされてきましたが，いまだに明確な答えは出ていないといっていいでしょう。それは「障害」という言葉が何を，どこまでふくむのかを明らかにすることが難しいからです。障害を定義しようとする代表的なものに WHO の ICF などがあります。
　障害者をケアするときに気をつけるべきことは，障害者をひとくくりにせず，その人の個性やそれぞれのニーズに応じてケアをすることです。

(1) 障害とは

　「障害とはなにか」をめぐる問いに対しては，いろいろな議論がなされてきましたが，いまだに明確な答えは出ていないといっていいでしょう。それは「障害」という言葉が何を，どこまでふくむのかを明らかにすることが難しいからです。

　ここで，これまで「障害」を定義づけようとする動きの一つである 1980 (S55) 年に WHO が発表した国際障害分類試案（ICIDH）を紹介したいと思います。これは国連機関が障害を分類しようとする初めての試みでした。ICIDH の特徴は，「障害」を①機能障害（心理的，生理的，解剖的な構造，機能のなんらかの喪失または異常）②能力障害（①を原因として本来の方法や範囲で活動できる能力の制限や欠如）③社会的不利（①や②を原因とした何らかの社会的な不利益や制限）という3つの側面でとらえようとした点です。しかしこの ICIDH は主観的障害の重要さや，環境因子の影響の反映の不十分さ，社会的不利に関する分類の不十分さなどが指摘されていました。また ICIDH は「障害」をマイナスな存在として捉えていました。

　その後，これらの批判もあり ICIDH は改訂され 2000 (H12) 年に国際生活

機能分類（ICF）が発表されます。ICFも3つのモデルで「障害」を捉えようとする点では共通するものです。それは①心身機能・身体構造（機能障害）（からだの働きや精神の動き，またからだの一部の構造のこと），②活動（生きていくための様々な生活行動のこと），③参加（社会的な活動に参加したり，社会的な役割を果たすこと）の3つです。ここには「出来ない面」をみるだけでなく，「出来る面」への視点が大きく反映されています。

ICFでは上記した①②③の機能が低下した状態の克服のモデルについても提言しています。それは「医学モデル」と「社会モデル」と呼ばれるものです。医学モデルは「障害」は病気や外傷など健康状態が原因となって生じるもので「障害」は個人の問題であると捉えるものです。つまりその「障害」を克服するためには健康状態の回復と障害をうけた個人への対応が必要とされます。社会モデルは「障害」は個人ではなく社会がその障害を作っている考えといえます。社会モデルで障害を克服するためには障害をもった人が，困難なく生活し人生を送れるように，本人以外の環境を改善することが求められます。これまで医学モデルと社会モデルは相反するものと考えられていましたが，ICFは医学モデルと社会モデルの両方を用いて障害の克服に努めることが大切であるとしています。

さてここまでWHOによる「障害」の定義について説明してきました。それでもやはり「障害」を定義することには難しい問題があります。「障害」は，医者，リハビリテーション職，福祉職の人たち，また本人によって捉え方が違います。つまり「障害」というものは見る人によってその定義が異なるものということなのです。

(2) 障害者のケアで気をつけるべきこと

法律による障害者の定義は，「支援を受けられる人」という枠組みの定義です。実際の支援の場においてはまったく同じ障害者はいませんし，人によって自分の持つ障害というものの受け止め方は違います。また障害の度合いも違います。大切なのは，その人自身がその障害をどのように思っていて，何に困難を感じているかです。

ケアの中で当事者との対話の中から，ニーズを発見していかなければなりません。また，障害を持つ人のなかには，自分の意志を表現できない方もい

ます。そのような方には、援助する人が一つの援助手段を使うのではなく、いろいろな援助をし、援助をしていくなかで、その人にあった、よりよい方法を見つけていく必要もあるでしょう。

2．障害者のケアと法

Q2 障害者のケアのために，どのような法律がありますか？

A2 障害者のケアのための「憲法」とも呼ばれる障害者基本法をはじめ，障害の種類によって法がつくられています。また，障害者虐待防止法のように障害者を虐待から守るための法律，あるいは医療観察法のように加害者となってしまった場合，ふたたび加害者にならないようにするための法律などがあります。そして，障害者が社会でいきいきと働くことができるように障害者雇用促進法がつくられたり，たとえば道の段差などに妨げられることなく，あちこちに行くことができるようにするためにバリアフリー新法がつくられたりしています。（このほか，障害者総合支援法がありますが，これについては，次節で説明したいと思います）

(1) 障害者基本法

わが国では，前は，身体障害，知的障害，精神障害のそれぞれがバラバラに扱われていて，とくに精神障害者のケアはかなり遅れていました。しかし，国連の国際障害者年（1981 (S56) 年），国連・障害者の十年（1983 (S58) 〜 1992 (H4) 年）などを通じて，わが国でも，この状況を改めようという声が高まり，心身障害者対策基本法を改正することになったのです。こうして，1993 (H5) 年12月に障害者基本法がつくられました（2004 (H16) 年と2011 (H23) 年に改正）。

障害者基本法では，共生社会の実現がうたわれています。この共生社会とは，基本法では，「全ての国民が，障害の有無によって分け隔てられることなく，相互に人格と個性を尊重し合いながら共生する社会」(1条)とされます。ここには，障害者だけでなく，すべての国民の共生を目指そうとする考えが見られるとされます。また，基本法では，障害の定義として，精神障害の中に発達障害が含まれるとされ，さらに，身体障害，知的障害，精神障害だけ

でなく、「その他の心身の機能の障害」も含まれるとされています（2条）。このように、基本法は、障害者を広く捉えようとしているのです。

基本法は、社会モデルをとっているとされ、その考え方のもとで、国・地方公共団体に、障害者が医療、介護など（14条）だけでなく、適切な教育（16条）や療育（17条）が受けられること、ただ単に情報を利用し、その考えを表明できるようにするというだけでなく、情報を得、他の人とのコミュニケーションができるようにすること（22条）、災害や犯罪から守られるようにすること（26条）、消費者として守られるようにすること（27条）、選挙などでの投票を簡単にできるようにすること（28条）、裁判などにおいてその権利をきちんと使うことができるようにすること（29条）などを求めています。そして、これらの事を実現していくために、障害者基本計画が作られました。

(2) 身体障害者福祉法など

障害者基本法だけでなく、障害の種類によって法律が作られています。身体障害者福祉法、知的障害者福祉法、精神保健福祉法、発達障害者支援法がそれです。このうち、発達障害者支援法は、もっとも新しいものです。

これらの法律には、いろいろなサービスを受けるときに必要な手帳をだしたり（身体障害者には身体障害者手帳、知的障害者には療育手帳、精神障害者には精神障害者保健福祉手帳）、支援のためのセンターを作ったり（身体障害者更生相談所、知的障害者更生相談所、精神保健福祉センター、発達障害者支援センター）することが定められています。

(3) 障害者虐待防止法と医療観察法

障害者が犯罪の被害者となる場合にはいろいろなものがありますが、とくに虐待について2011（H23）年に法律が作られました。それが、障害者虐待防止法（障害者虐待の防止、障害者の養護者に対する支援等に関する法律）です。障害者への虐待は、障害者の家族など（養護者）だけでなく、福祉施設の職員や雇い主によってなされる場合もあります。本法は、これらすべての人たちによってなされる虐待（身体的虐待、性的虐待、ネグレクト、心理的虐待、経済的虐待：虐待行為の種類については、本書6・8章）を防止し、被害者を支援しようとしています。他の虐待と同じように、本法も虐待への対応について定めています（養護

者による虐待の場合は，市町村障害者虐待防止センターが，障害者の安全確認をしたり，生命身体への重大な危険が発生しているおそれがある場合，立ち入り調査をしたり，被害者を障害者支援施設などに入れるなど，いろいろな対応をします。また，施設での虐待の場合は市町村障害者虐待防止センターと都道府県障害者権利擁護センターが対応します。そして，雇い主による虐待の場合は，これら2つの機関だけでなく，都道府県労働局が対応します)。また，本法は，学校，保育所，医療機関に虐待防止などのために，研修をしたり，相談のための体制を整えたり，事例に対応することなどを求めています（もっとも，通報義務が課されていないなどの課題があるとされます）。

　障害者が，逆に，加害者になる場合について，2003（H15）年，医療観察法（心神喪失等の状態で重大な他害行為を行った者の医療及び観察等に関する法律）が作られました。本法では，殺人，放火，強盗など，重大な犯罪を行ったけれども，精神障害であるために刑事責任をまったく問えないか，限定的にしか問えない人を扱っています。本法の手続は，検察官によってはじめられ，裁判官と精神科医によって判断がなされ，保護観察所（⇒本書10章）が中心となってケアを進めます（保護観察所には，このために社会復帰調整官がいます）。刑罰では対処できない障害者の加害者を適切にケアすることによって，再び罪を犯すのを防止し，社会復帰できるようにするのです。

(4) 障害者雇用促進法

　障害者の雇用については，はじめ，身体障害者だけが扱われていました（1960（S35）年，身体障害者雇用促進法）。その後，1987（S62）年に知的障害者が，2006（H18）年に精神障害者保健福祉手帳をもつ精神障害者が扱われることになったのです。この法律では，企業は障害者を雇わなければならないとされ，どのくらいの割合で雇わなければならないかが定められました（障害者雇用率制度）。また，雇用率を満たしていない企業からお金を集め，障害者を多く雇っている企業に障害者を雇うために必要なことを行うとき，助成金を出す制度（障害者雇用納付金制度）が作られました。そして，職業リハビリテーションを進めるために，いろいろなことが定められました（たとえば，ハローワークでの職業紹介，障害者が職場になじめるように障害者職業カウンセラーなどによる支援を行うこと，障害者を雇う企業などへの支援を行う障害者雇用支援センターを作ること，障害者からの相談などを受け付ける障害者就業・生活支援センターを作ること，など）。

3．障害者総合支援法について

Q3 障害者総合支援法とは，どのような法律ですか？ それができるまで，いろいろなことがあったと聞いていますが。

A3 障害者総合支援法ができる前には，障害者自立支援法がありました。ところが，この法律についてとても批判が多く，裁判にまでなりました。そこで，国は，障害者自立支援法を変えると約束しました。その後つくられた障害者総合支援法は，障害者自立支援法を改正したもので，今後段階を踏んで改正されていきます。

(1) 総合支援法ができるまで

　障害者に関する法律は21世紀に入ってから目まぐるしく変化していきました。まず，2003 (H15) 年にこれまで措置制度であったものを，利用契約制を導入した支援費制度へと移行しました。しかし支援費制度が財政面で破綻したことにより，2004 (H16) 年には「障害保健福祉のグランドデザイン」が打ち出され，そして障害者自立支援法が施行されました。グランドデザインの基本的な視点は障害保健福祉施策を総合化すること，障害者のニーズに応じた自立支援システムの構築などがあげられます。しかし，このグランドデザインを具体化した障害者自立支援法は，様々な問題点を抱えていました。

　まず障害者自立支援法によってなにを改革しようとしたのかを説明したいと思います。改革のねらいはいくつかありますが，ここでは大きく2つの点について説明します。まず「障害者の福祉サービスを一元化」することです。つまりサービスの提供主体を市町村に一元化し，身体障害，知的障害，精神障害などの障害の種類に関わらず，自立のための共通したサービスは共通の制度とし提供しようというものです。しかしこれには問題があります。それは各市町村の財政面での格差があることです。財源が違うのであればサービスにも違いが出てくることは容易に想像がつくことです。

　次に「利用したサービスの量や所得に応じた『公平な負担』」というものがあげられます。「公平な負担」というととても聞こえはいいのですが，実際に

は本当の意味での「公平な負担」ではありません。障害をもった方がサービスを受ける際の値段に応じ（応益），そのサービスにかかる1割を障害をもった方が負担をするのです。この1割を負担するということは，障害が重度であればあるほど，必要とするサービスは多く負担がかかるため，利用者を苦しめることとなります。このほかにも障害者自立支援法にはいくつもの問題点がありました。

このように問題点がある障害者自立支援法を違憲として国に対して71名の原告が提訴をしました。この当事者運動によって国側は2010 (H22) 年1月に今後の障害福祉施策を障害のある当事者が社会の対等な一員として安心して暮らすことのできるものとするために最善を尽くすことを約束し，「障害者自立支援法違憲訴訟原告団・弁護士と国（厚生労働省）との基本合意文書」が結ばれました。そのなかには「遅くとも平成二五（二〇一三）年八月までに，障害者自立支援法を廃止し新たな総合的な福祉法制を実施する。そこにおいては，障害者福祉施策の充実は，憲法等に基づく障害者の基本的人権の行使を支援するものであることを基本とする」などの約束があります。

(2) 総合支援法の概要

さて，以上のような過程を経て「障害者自立支援法」の一部改正＝「障害者総合支援法」が2013 (H25) 年4月から実施されました。

障害者総合福祉法をつくるため，まず2011 (H23) 年8月に「障害者総合福祉法の骨格に関する総合福祉部会の提言」（骨格提言）が総合福祉部会によりまとめられました。この提言は6つの目標を障害者総合支援法にもとめました。①「障害のない市民との平等と公平」（障害者と障害のない人の生活には大きな格差があるため，障害者が市民として尊重され，ほこりを持って社会参加するには，平等性と公平性を確保すること），②「谷間や空白の解消」（障害の種類や障害者福祉施策を受けれない人をなくすこと），③「格差の是正」（どこに暮らしを築いても一定の水準の支援をうけれるようにすること），④「放置できない社会問題の解決」（社会的な入院や長期施設入所，家族による介助依存を解消を目指すこと），⑤「本人のニーズにあった支援サービス」（個々の障害とニーズが尊重されるような支援サービスの開発，またそこにたいして本人の意思決定の尊重すること），⑥「安定した予算の確保」（制度を実質化していくための財源確保，また財源確保への国民からの理解を得ること），で

す。

　これを踏まえて法の理念・目的，利用者負担のあり方，介護保険との関係，支援方法について検討していきました。そして「障害者自立支援法」の一部改正＝「障害者総合支援法」が2012 (H24) 年6月に成立し，2013 (H25) 年4月より実施されました（ただし実際には予算の都合などがあるために段階的に制定していくことになりました）。このうち，ポイントとなるのは，①法の中に「基本理念」が設けられたこと（その中に，基本的人権の享有，個人の尊重，共生する社会，選択の機会などが掲げられました），②障害者の範囲に障害者手帳を持っていない一定範囲の難病を持つ方々が加わったこと，③市町村の地域生活支援事業の必須事項の追加（「障害者理解の促進の為の研修事業」や，「障害者本人また家族，地域の自発的活動に対する支援」「市民後見人の育成研修事業」など），④基本指針や障害者福祉計画について定期的な検証と見直しの義務化，などです。

　しかし，障害者総合支援法には骨格提言が充分に反映されていない点が指摘されています。たとえば対象として難病を伴う障害者が加わりましたが，それでもまだ法の対象から漏れる方がおり，上で述べた骨格提言の②を尊重したとは言いにくいですし，そもそも理念には「必要な支援を受ける権利」が示されてもいません。

　障害者総合支援法は3年をめどに検討していく事項が決められており，骨格提言も段階的に実現していくとされています。今後の検討に関してもより，当事者，家族，地域関係者の意見をふまえていく必要があります。

参考文献
- 佐藤久夫『NHKテキスト社会福祉セミナー』(NHK出版，2012年)
- 社会福祉士養成講座編集委員会『障害者に対する支援と障害者自立支援制度』(中央法規，2012年)
- 庄司洋子，木下康仁，武川正吾，藤村正之編『福祉社会辞典』(弘文堂，1999年)
- 杉野昭博編著『リーディングス日本の社会福祉　障害と福祉』(日本図書センター，2011年)
- 日本知的障害者福祉協会 (2013)『知的障害福祉研究さぽーと No. 672, 674, 675』星雲社
- 厚生労働省HP「障害者総合支援法が施行されました」http://www.mhlw.go.jp/seisakunitsuite/bunya/hukushi_kaigo/shougaishahukushi/sougoushien/

第 10 章　受刑者の社会復帰

1．刑務所の中

> **Q1** 刑務所は悪いことをした人を罰するためにあるのですよね。また，そんな連中に対して，どうして税金をかけてまでしてケアをする必要があるのですか？ 刑務所では，受刑者が再犯しないようにするために，どのようなことを行っているのですか？
>
> **A1** 受刑者は，罪を犯したことに対するペナルティー（応報）として刑務所に入っていますが，いずれは社会に戻っていきます。そのときのために，受刑者に対して社会で生活していけるように働きかけることは，刑務所の目的として認められています（刑事収容施設及被収容者等の処遇に関する法律（以下，「刑事収容施設法」とします。）30条，国際人権Ｂ規約10条3項）。そして，刑務所から出た（以下，刑期中に釈放される仮釈放と刑期が終わってから釈放される満期釈放の両方を含みます。）受刑者を社会の一員として受け入れ，彼らが再び罪を犯さない（以下，「再犯する」「再犯しない」とします。）ようにするためには，刑務所にいる間から，きちんとしたケアを受けられるようにすることが大切です。

(1) 刑務所の目的

　日本の刑務所では，実際に社会で生活してゆくための具体的な支援よりも，受刑者の更生という名のもとで，決まりを細かく定めて，受刑者の行動の一つ一つを厳しく管理する仕組がとられていました（日本型行刑）。今でもその伝統が続いています。

　しかし，少なくともたてまえとしては，受刑者を立ち直らせることが昔から重視されていました（教育刑・改善刑の理念）。また，現在では，受刑者が少なくとも再び罪を犯さずに社会で暮らしてゆけるように働きかけること（社会復帰処遇）を刑務所での一番の目標とすることが，刑務所などに関する基本的な法律でうたわれています（刑事収容施設法30条）。

(2) 改善指導

2005 (H17) 年から翌年にかけて作られた刑事収容施設法は，一人ひとりの個人をかけがえのないものとして尊重することが最も大切であるとする日本国憲法の理念をふまえて，受刑者であっても基本的人権が保障されることを前提としています（刑事収容施設法1条）。その上で，受刑者に対して，「犯罪の責任を自覚させ，健康な心身を培わせ，並びに社会生活に適応するのに必要な知識及び生活態度を習得させるため必要な指導」（改善指導）を受けることを義務づけています（同法103条）。この指導ですが，刑務所によって色々な取り組みがなされています。

例えば，2008 (H20) 年10月にできた島根あさひ社会復帰促進センター（れっきとした刑務所ですが，国といくつかの民間企業が協働で動かしています（PFI方式）。）では，第1に，修復的正義（RJ，詳しくは，『学校と人権』1章3(5)，6章4(3)を参照），第2に，自分が罪を犯す時の行動パターンを見つけた上で，そこから実際に抜け出す力を身につけさせる認知行動療法（CBT），第3に，社会で生活していく上で必要な考え方や行動について，施設での生活を通じてお互いに学びあう回復（治療）共同体（TC）という3つの考え方を柱にすえた教育プログラムが行われています。

改善指導のほかにも，一部の受刑者に対してではありますが，ビル設備管理・溶接・情報処理・フォークリフト運転・ホームヘルパーなどの職業訓練が行われ（刑事収容施設法94条2項），場合によっては，関連する国家資格試験も受けることができます。この試験への合格が，刑務所を出た後の就職に結びつくこともあります。

(3) 刑務所の中でのケア──知的障がいのある受刑者を例に──

しかし，刑務所を出た後に再犯しないで暮らしていくためには，刑務所にいる間から，社会とのつながりを持てるようにすることが大切です。社会とのつながりが元々なかったか，それが途切れてしまっているからこそ，刑務所を出た後も，なかなか頼ることのできる人や機関を見つけることができず，生活に困って再犯してしまう人が出てくるのです。

最近では，受刑者が，刑務所にいる間に社会とつながることのできるしくみを用意することが重要だと意識されるようになりました。例えば，日本の

刑務所には，知的障がいのある受刑者が多くいます。法務省が出している2011（H23）年度の矯正統計年報によれば，知的障がいとして認定されている人は，2011（H23）年に刑務所に入った受刑者の約1.1％（272人）ですが，一般に，知的障がいがあるか，あると疑われる目安とされるIQが69以下の受刑者は，約21.7％（5,532人）もいるのです。彼らの多くは，前もって知的障がいと診断され，障害者手帳を持って，ケアが適切にされていたならば，刑務所には入らずにすんだのではないかと言われています。そのようなこともあって，刑務所に社会福祉士をおく動きが見られます。社会福祉士は，刑務所を出た後に福祉的な支援をする必要がある受刑者について，刑務所にいる間から福祉施設への受け入れ先を探したり，障害者手帳を取ったりして，再び犯罪をせずに生活できるようにすることを目的としています。

2．刑務所を出てから

Q2 家の周りには，小学校や保育園があるほか，お年寄りが多い静かな住宅街です。なのに，更生保護施設（刑務所を出たけれども他に住む場所がないような人が，一時的に入ることのできる施設）が作られようとしています。刑務所帰りの人には近所をうろつかれたくありませんし，子どもやお年寄りに接する仕事に就いてほしくもありません。

A2 大半の受刑者は，刑務所を出た時に，仕事がない上にわずかなお金しか持っていません（2011（H23）年度の矯正統計年報によると，2011（H23）年に刑務所を出た人のうち，刑務所で働くことでもらえるお金（作業報奨金。刑事収容施設法98条1-3項）が5万円を超えているのは約25.5％（7,286人）であり，2万円以下の人が約42.5％（12,136人）を占めます）。これでは，作業報奨金以外のお金や頼りのない人の多くは，すぐに路頭に迷ってしまうでしょう。

元受刑者の再犯が昔から問題になっていますが，これは，彼らにも責任があるとはいえ，社会が彼らの受け皿を用意せず，お金も仕事もない状態にしていることにも原因があります。また，最近は，犯罪被害者のことが注目されていますが，再犯が減れば，被害者も減ります。この点からも，刑務所を出てきた人に対する支

援やケアが必要なのです。

⌇⌇⌇⌇⌇⌇⌇⌇⌇⌇⌇⌇⌇⌇⌇⌇⌇⌇⌇⌇⌇⌇⌇⌇⌇⌇⌇⌇⌇⌇⌇⌇

(1) **更生保護施設**

　まずは，刑務所を出たあとに，とりあえず生活する場所が必要です。この1つが更生保護施設です。そこでは，社会生活を送るための準備に集中できるように泊まる場所や食事を用意し，日常の生活指導や社会の一員としてうまくやっていくための指導や援助を行っています。これに加えて，施設によっては，薬物やアルコールの問題をかかえている人に対して，医療や福祉機関とも協力してこれらに依存しない生活を送るための学習や，人間関係を作るのが苦手な人に対して，心理学の専門的な知識に基づいてコミュニケーションのとり方を学ぶソーシャルスキルトレーニング（SST）を行っています。

　しかし，問題もあります。更生保護施設は全国に104か所（2011（H23）4月1日現在）あります。刑務所を出る人数（2011年中に28,583人）に比べて定員（2011（H23）年4月1日現在で2,329人）があまりに少ないほか，施設によっては知的障がいがあると入れないなど，希望者（あるいは，ひとまずは入った方が本人のためになると思われる人）すべてが入ることができません。ですから，更生保護施設をもっと増やす必要があります。ちなみに，更生保護施設は社会生活へ向けた橋渡しのためにあるのですから，職のない人は就職活動をしやすく，職のある人は職場に通いやすいような，比較的人が集まる便利な場所に作った方が好ましいのです。

　また，更生保護は，昔から保護司と保護観察官が中心的な役割を担ってきました。しかし，医学・心理学・教育学・社会学などの専門的な知識に基づいて仕事をする公務員である保護観察官は全国に1,000名程度しかおらず，刑務所を出た人の支援の多くは，全国で48,000人ほどいる無給の民間人の保護司に任せきりであったといっても過言ではありませんでした。2000年代に入って，政府がようやく民間任せであった更生保護のあり方を見直しはじめ，保護観察官を増やしたり，更生保護関係者と刑務所との結びつきを強くするなどのとりくみがされていますが，まだまだ公的な支援が足りません。

(2) 身の回りの人からの理解

　刑務所を出た人にケアを提供する責任を一番にもつべきなのは，彼らを刑務所に入れた国です。しかし，いくら便利になった現代でも，1人きりで生きていくのは大変です。刑務所から出た人が再犯せずに社会で暮らしていくためには，彼らの身の回りの人々からの支援が大切です。例えば，継続的な仕事を始めたり安定的な生活を送るためにアパートを借りるにしても，少なくない場合に保証人を見つけなければならなかったりするなど，いざという時に頼ることのできる人が必要なのです。ですから，刑務所を出た人を一くくりにして，刑務所帰りだからと言って，差別したり村八分にすることは大きな問題です。このような態度をとる人が多ければ多いほど，彼らが持っている能力を社会で活かすことができずに再び犯罪に手を染めてしまいやすくなるなど，やがてはその代償は社会全体にふりかかってくることになります。

(3) 資格制限

　そのほかにも，国が，刑務所を出た人が社会で生活しにくいようなしくみを作っている現状もあります。日本では，実刑判決を受けると，多くの種類の仕事に就けないことが法律で決められています（資格制限。例えば，公務員は，懲役刑や禁錮刑が確定すると職を失い，仮釈放中であっても仕事に就くことができません。（国家公務員法38条2号・76条，地方公務員法16条2号・28条4項））。また，刑法では，刑期が終わって10年がたてば刑がなかったものになるのに（刑の消滅。刑法34条の2　第1項），原則として，たとえ10年以上前の刑罰歴であっても，履歴書の賞罰欄に正直に書き，面接で聞かれたら答えなければならないとした裁判例もあります（名古屋地判1981（S56）・7・10判時1023号123頁。ただし，クビにはできないとしました）。これは，元受刑者が刑務所で罪をつぐない終わったにもかかわらず，「刑務所上がりは信頼できない」というレッテルを国が貼っているようなものではないでしょうか。ただでさえ仕事に就きにくいものを，さらに難しくするわけですから，受刑者の社会復帰のみならず，生活に困って行うような再犯を防ぐためにも好ましくありません。資格制限は，刑務所を出た人が行うと実際に危険が生じるようなものに限るべきでしょう。

　最後になりますが，罪を犯したこと自体は本人に責任がありますが，受刑者には，元々恵まれない境遇で育った人が多いのが現実です（例えば，最終学歴

1つをみても，2011（H23）年度の矯正統計年報によると，2011（H23）年に入所した受刑者のうち，小学校中退・小卒・中学中退・中卒が約42.7%（10,887人），高校中退が約23.7%（6,031人）を占めており，国民全体のそれと比べればはっきり分かります）。刑務所を出た後の環境に恵まれるならば，有罪となったときの代償があまりに大きい再犯をする可能性は減ります。少なくとも，刑務所を出て，これから社会でやり直そうという人を社会が受け入れる際のハードルは，できる限り低くすべきではないでしょうか。

参考文献
・刑事立法研究会編『更生保護制度改革のゆくえ　犯罪をした人の社会復帰のために』（現代人文社，2007年）所収　淵野貴生「第6章　出所後の生活再建のための法制度試案――資格制度，前歴調査，社会保険制度の問題点とその克服に向けて」
・日本弁護士連合会刑事拘禁制度改革実現本部編著『刑務所のいま　受刑者の処遇と更生』（ぎょうせい，2011年）所収　田鎖麻衣子「第3章　受刑者は，なぜ再犯に至るのか」，青木和子「第4章　受刑者の更生のために刑務所で行われていること」，青木和子「第7章　受刑者の更生――社会との連携」

第11章　自殺とケア

1. 自殺はどうなっている？ その原因は？

Q1 よく自殺が問題だといわれますが，いまどうなっていますか？ そもそも，なぜ，ひとは自殺するのですか？ 自殺は，自殺する人が悪いという人もいますが，そうなのでしょうか？

A1 いま，とても深刻な状況だといえます。自殺する人の数は，1998（H10）年から1年で3万人を超え，自殺率も世界の中でも高いとされます。最近，自殺する人の数がようやく減ったとされますが，専門家は，むしろ，これで社会が油断してしまうことの方を警戒しています。日本で自殺する人の数が急に増えたのは，社会が急に変ったせいもあり，またいろいろなケアを必要としている人たちに社会が手をさしのべられていないためです。自殺する人を責める前に，自殺する人を多く出してしまう社会の問題を考えるべきです。

(1) いま，どうなっている？

戦後，日本の自殺率は，1950年代半ば，1980年代半ば，1998（H10）年以後の3つの時期に高くなったとされます。どれも社会や経済の状況が影響しているとされます。つまり，1950年代半ばには戦後の経済の復興にともなって社会が大きく変わったことによって若者が，1980年代半ばには石油危機による不況により中年男性が，そして1998（H10）年以後には後でのべる社会的変化によりおもに都市部の中年男性が，自殺率を押し上げたとされます。とくに，1998（H10）年以後には，1年で自殺する人の数が，それまでの10年では平均2万台だったのに対して3万と，1年で1万も増えて，大きな社会問題となっています。

(2) なぜ，人は自殺するのか？——自殺と社会のむすびつき——

自殺が，単にその人が悪いというよりも，社会の問題であることは昔からいわれています。もちろん，ほかにも，体，性格，家族，こころの問題など，自殺の原因は，色々あり，それらの複雑な組み合わせによって人は自殺しま

す。ただ、社会の問題はやはり大きなもので、とくに社会の中で自分の価値が認められているかどうかが、とても重要になってくるといえるでしょう（ボードロ・エスタブレ 233-239 頁参照）。前に、日本は、豊かな国々の中で自殺率が高くないことで注目されました。しかし、いまは、まったく変わってしまっています。なぜ、そうなったのか。過重な労働、リストラ、非正規雇用などで、これまで深くむすびついていた仕事と人生のリズムが企業などの都合によってこわされ、人々が社会での自分の居場所をみつけにくくなったこと（さらには「失業者」などのレッテルを貼られ、「排除」の対象になったこと、あるいは、そのことへの恐怖が強まったこと）が原因ともいわれています。

　また、社会と性別や年齢の問題とのむすびつきにも注意すべきです。ふつう男性よりも女性の方が自殺率が低いとされます。これは、男性と女性では、社会の中でのあつかわれ方が違うことにも関係があるかもしれません。また、年齢との関係では、たとえば、リストラのターゲットとされてしまった年齢層の自殺率を押し上げることもあるでしょうし、あるいは、たとえば、老人は多少うつなどになっているのがふつうだという考えが老人のうつ病への手当てを粗末なものにし、そのため老人の自殺をふせげないこともあります。

　そして、メディアが自殺をどうとり上げるかも、大きな問題です。たとえば、メディアがある自殺の事例などをセンセーショナルにとり上げることによって、他の人たちの自殺をうながしてしまうこともあります。とくに、若者の死亡原因の中に占める自殺の割合はばかにできないものがあるとされ、しかも、若者がメディアなどの影響をうけやすいことを考えると、メディアには、この問題についてじっくり考えてほしいものです。

2．自殺への、国などのとり組み

Q2 自殺の問題をどうすればいいのでしょうか？　これだけ自殺が多い中で、国や地方公共団体はなにかしているのでしょうか？　また、たとえば、働きすぎで家族が自殺してしまった場合、法律は何をしてくれるのですか？

A2 自殺には社会みんなでとり組まなければなりません。これには、①予防、②危機へのすばやい対処、③人が自殺してしまったあと

の対策などがあります。国としては，2006 (H18) 年に自殺対策基本法をつくっています（もっとも，「本気でとり組んでいるとは思えない」という指摘もあります）。また，地方公共団体でも，秋田県などでは，国にさきがけて自殺対策にのりだすなど，さまざまなとり組みをしています。そして，人が自殺した場合，たとえば，仕事による過労が原因の自殺の場合（過労自殺），労働者災害保険制度による保険給付を求めたり，企業に損害賠償を求めることなどができます（学校でのいじめ自殺の問題については⇒本シリーズ1『学校と人権』第5章）。

〰〰〰〰〰〰〰〰〰〰〰〰〰〰〰〰〰〰〰〰〰〰〰〰〰〰〰〰

(1) 社会みんなでとり組む必要があること

　自殺が社会によってうみだされ，かつ，まわりのみんなに大きな影響を与えるものであるならば，それへのとり組みは社会みんなでやらなければなりません（法も，「自殺対策は，自殺が個人的な問題としてのみとらえられるべきものではなく，その背景に様々な社会的な要因があることを踏まえ，社会的な取組として実施されなければならない」（自殺対策基本法第2条第1項）として，社会みんなでとり組むことの大切さを確認しています）。この社会的なとり組みには，①予防，②危機へのすばやい対処，③人が自殺してしまったあとの対策などがあります。

　①まず，予防には，自殺についての正しく，かつ役立つ知識がみんなのもとに届けられていなければなりません。国や地方公共団体による啓もう活動，とくに学校で自殺についての知識や自殺を生み出さない環境をつくりだす技法などを広めることが大切です（ちなみに，自殺未遂者をどうケアするかが自殺の予防にとって重要です。自殺対策基本法も，17条で自殺未遂者への支援をうたっています。しかし，これまでの日本の自殺対策では自殺未遂者へのケアが遅れてきたとされます。これは，中高年の自殺のみに目がいき，若者の自殺への対策が遅れてきたことと関係があるとされます。若者の死亡原因の中で，自殺は高い割合をしめるのですから，若者の自殺への対策も意識されるべきでしょう）。

　②次に，人が自殺しそうなときに，すばやく対応できるようにしておかねばなりません。自殺のサインを見逃さず，サインに対して適切な対応がすぐになされなければならないのです。また，自殺問題でのケアは，ただ単に，自殺しそうな人へのケアに止まってはいけないとされます。たとえば，自殺

しそうな子どもの背後には深刻な問題（その子どもをスケープゴートとすることでなんとかバランスを保っているなど）を抱えた家族がいるときがあるとされます。このようなとき，家族を責めたりするのではなく，むしろ家族みんなが変わっていくためのチャンスととらえて総合的な支援をしていく必要があります。

③最後に，人が自殺してしまったあとには，遺族や友人・知人などへのケアが必ずなされなければなりません。自殺はまわりのみんなに深刻な影響をあたえます。自殺そのものだけでなく，たとえば，自殺した人や遺族などへの非難，警察や役所などの心ない対応，メディアによるプライバシー侵害などによって遺族などが深く傷つくことがあります。これをそのままにすると，ある人の自殺が引き金となって，次々と自殺する人がでてしまうこともあるかもしれません。遺族などへのケアには，専門家による治療だけでなく，同じ経験をもつ人びとが集まっておたがいの話をじっくり聴きあい，思いを共有しあうグリーフケアがよいとされます。しかし，わが国では，まだまだ，このグリーフケアをやっているところがすくなく，公的機関などによる支援も不十分なままとされます。

そして，ぜんぶを通じていえるのは，人間が尊重され，その権利が大切にされる環境をつくりだすのがなにより大切だということです。たとえば，学校であれば，いじめや体罰だけが問題となるのではありません。こどもも，先生や職員みんなの権利を大切にしてはじめて，よい学校がつくられていくのです。あるいは，職場であれば，会社のもうけを最優先し，働く人を切り捨てていくような環境こそ改められるべきです。

(2) 自殺対策基本法など——国および地方公共団体のとり組み——

国では，厚労省が中心となってとり組みをしてきました。2000 (H12) 年に，国は，「健康日本 21」の中で自殺者をどのくらい減らすかについて数値目標をしめしました。その後，厚労省は，一連の自殺対策を打ちだしてきました（自殺防止対策有識者懇談会の設置，「自殺予防に向けての提言」の公表，うつ病対策のためのマニュアル整備，「こころのバリアフリー宣言」の公表など。この動きの背景には，1990 年代の過労自殺についての裁判で企業の責任がとわれたことがあるともされます。過労自殺と民事訴訟については⇒本節(3)）。しかし，国のとり組みは，うつ病ばかり注目していたため，社会的・経済的問題にも目を向けるべきだという批判や，

遺族等や自殺未遂者への支援もやるべきだとの批判がだされました。このような中で、国会でも議論がもちあがり、民間の署名活動などの後押しもあって、2006 (H18) 年6月に自殺対策基本法がつくられました（この基本法では、単なる自殺予防、支援などだけでなく、「もって国民が健康で生きがいを持って暮らすことのできる社会の実現に寄与することを目的とする」（第1条）とされ、第2条で、自殺が個人の問題ではなく、社会的要因を背景とした社会的問題であること、自殺の実態を総合的・包括的に知る必要があること、自殺予防・危機介入・事後対応など、各段階に応じた効果的な施策が必要であること、国、地方公共団体、医療機関、事業主、学校、民間団体などの緊密な連携が必要であることがうたわれ、3条から6条に、国・地方公共団体・事業主・国民の責務が、7条に自殺者などの名誉・生活の平穏への配慮、8条以下に、自殺対策大綱の策定、人材の確保、様々なケアなどの体制の整備、自殺未遂者・自殺者の親族等、および民間団体への支援などが定められています）。また、この基本法をうけて、2007 (H19) 年、自殺対策大綱が定められました (2012 (H24) 年、「自殺総合対策大綱」)。

　これらの国の施策に先駆けて、1995 (H7) 年から自殺率が全国一となった秋田県などで自殺対策が行われてきました（秋田県では、自殺予防リーフレットを全戸に配布したり、相談者がたらいまわしされないように地域の相談窓口のネットワーク化をはかったり、地域住民に研修会を受講してもらい、「ふれあい相談員（メンタルヘルスサポーター）」として認定し、地域での活動を行ってもらうなどの取り組みをしています。このほか、たとえば、青森や岩手などの取り組みが注目されています）。

(3) 過労自殺と法

　過労自殺は、ひとつには労災として、労災保険制度によってとり扱われます。これは、労働者災害補償保険法によるもので、国が保険料を企業から集め、仕事で災害をうけた労働者や遺族にお金を払います（なお、国家公務員の場合は国家公務員災害補償法により、地方公務員の場合は地方公務員災害補償法により扱われます）。ここでは、仕事によって自殺してしまったのかどうか（「業務上」か「業務外」か。公務員なら、「公務上」かそうでないか）が問題になります（⇒『本シリーズ1 学校と人権』第12章2(2)）。前は、この判断は、とても厳しくなされていました（たとえば、遺書がある場合、精神病などでどうしようもなくなって自殺したのではなく、あくまで正常な判断能力がある状態で自殺したからダメだとするなど）。これに対して、過労自殺への社会的関心が高まり、裁判所も過労自殺を労災と認めるも

のがふえ（神戸地判1996（H8）4・26労判695・31，長野地判1999（H11）3・12労判764・43など。また，民事では，最判2000（H12）3・24民集54・3・1155など），行政も基準を変えざるをえなくなりました（1999（H11）年9月14日「心理的負荷による精神障害等に係る業務上外の判断指針」）。

そして，もうひとつ，裁判をおこして企業から損害賠償をうけとることもできます。ここで問題になるのが，安全配慮義務（企業は労働者が安全に働くことができるように様々なことをしなければならないということ）です。過労がもとで自殺者がでてしまったとき，企業はこの安全配慮義務を守らなかったわけですから，その責任を問うことができるのです。これまで，労働者側は苦しい闘いを強いられてきました。しかし，上にあげた最判2000（H12）3・24などを通じて，すこしは道がひらけてきました。

このように，過労自殺がおこってしまった後でさまざまな補償を求めることも，一応はできます。しかし，自殺に対する偏見や企業内の風土など，多くの問題点を解決しないかぎり，過労自殺という災害をうけた人びとの苦しみはまだまだつづくでしょう。そして，最近では，過労自殺どころか，就職活動（就活）が一層厳しくなったことにより，就活の失敗から自殺する若者が増えているとされます。過労自殺ならば，まだ企業の責任を追及することもできるかもしれませんが，就活自殺では，圧迫面接などの自殺の原因をはっきりさせて，そのような不当な行いをした企業の責任を追及することは難しいでしょう。自殺者をだしてしまう前に，「国民が健康で生きがいを持って暮らすことのできる社会」（自殺対策基本法1条）をどうやってつくりあげていくかがあらためて問われているのです。

参考文献
・岩波　明『うつ病』（ちくま新書，2007年）
・川人　博『過労自殺』（岩波新書，1998年）
・高橋祥友『自殺予防』（岩波新書，2006年）
・ボードロ・エスタブレ／山下雅之ほか訳『豊かさのなかの自殺』（藤原書店，2012年）
・本橋豊編著『自殺対策ハンドブックQ＆A』（ぎょうせい，2007年）
・森岡孝二『就職とは何か』（岩波新書，2011年）

第12章　災害支援──行政

1．災害に対して行政はなにをするべきか

Q1 災害が発生したら，行政機関はどのような役割を果たすのでしょうか？

A1 災害に対処し，復興を図る活動には，被災した人たちによる自助，共済制度や助け合いによる社会の共助，行政による公助の三種類があります。行政機関は，「国土並びに国民の生命，身体及び財産を災害から保護する」（災害対策基本法第1条）使命を負い，その活動は災害対策全般にわたります。国・地方公共団体・その他の公共機関が行うべきことは災害対策基本法で定められ，国の防災基本計画などの計画によって具体的なものになります。

(1) 災害発生から復興完了まで

災害には多くの種類があり，規模や損害の程度もまちまちです。内閣府の中央防災会議が作成した『防災基本計画』（最新版平成24年9月）は，さまざまな自然災害と事故災害について，予防，応急対策，復旧，復興などの基本計画を定めています。

実際に災害が発生してから復興がなしとげられるまでのプロセスと行政の役割は大きく4つの段階に分けることができます。

a．応急対策：災害対策本部を設置し，被災者の救助・救護に当たること。人命を救助し，負傷者を救護すること，死亡者の埋葬，避難所の運営，医療・介護サービスの提供など。

b．復旧活動：道路・通信・水・電気・ガスなどを復旧すること。役所・病院・学校など公共施設を修繕し，活動を再開すること。

c．生活支援：住まいの確保など，被災者の生活再建を支援すること。被災した事業の再開を助け，雇用の維持と増加をはかること。

d．復興：復興計画を定め，土地区画整理事業・市街地再開発事業・都市防災推進事業等をおこなうこと。産業の復興，住民の暮らしの復興，災害に強いまちづくりなど。

以下では、住民の避難が必要とされ、住宅に被害が生じるような自然災害について、主として被災者の生活支援にかかわる行政の活動について説明します。なお、災害に関する法制度はしばしば新設・改正されており、公的な支援はしだいに広げられています。阪神淡路大震災（1995（H7）年1月）と東日本大震災（2011（H23）年3月）は災害に対するそれまでの常識をくつがえし、社会全体としての新たな対応を迫るものになりました。

(2) 行政による公助のあらまし

行政機関は国の法律、自治体の条例などの法令で定められた権限にもとづいて活動します（法律による行政の原理）。事業をおこない、お金を支出するには予算の裏づけが必要で、予想を超える大きな災害に対してはしばしば補正予算が編成されます。権利の享有や義務の負担については「法の前の平等」が求められ、同じ条件にあたる者には同じ扱いをする必要があります。このため行政機関は被災者の個別事情から生じるニーズにきめ細かく柔軟に対応するのが難しいという短所があります。

行政機関の役割は複雑で入り組んでいますが、一般的には、市町村が被災した住民に直接に対応し、都道府県は市町村を支援します。国は災害に関する法制度の大枠を定めるとともに、地方自治体を支援します。ごく大まかにいえば、日本の災害対策における行政の役割は、災害を予防し、応急措置をとり、公共インフラを復旧することが中心です。たとえば公共施設の「原型復旧」の費用には高い割合の国庫補助がつきますが、近年まで、私有財産である個人住宅の復旧や再建には公費を基本的に支出できないとされてきました。

現在、人命や財産の損失そのものを補償する制度はなく、行政側に故意・過失がなければ損害を賠償する義務はありません（過失主義の原則）。ただし災害で死んだ人の遺族に対しては「災害弔慰金の支給等に関する法律」により、弔慰金が死亡者1人当たり最大500万円まで支払われます。また堤防など公の施設の設置・運営に欠陥があり、それによって被害が発生した場合には、国家賠償法に基づいて裁判で損害賠償を求めることができます。しかし完全な防災は現実には不可能なので、行政がどの程度の災害を予想して備えていたか、いわゆる「予見可能性」があったかどうかが争点になります。

被災者の生活再建は自助と共助によるのが基本であり，行政の役割はそれで足りない部分を補助することです。行政の支援は災害の進行中や直後など被災者が活動できない時期が最も厚く，期限が定められているのが普通です。期限を過ぎると救助の種類や内容は限られていきます。ただし必要に応じて制度が柔軟に運用されることが多く，国の災害救助法が定める内容に加えて，特例の延長や自治体独自の上乗せが行われることがあります。

　こうした直接の支援に加えて，災害援護資金の貸付け，租税や社会保険料の減額や納付免除，所得税の払戻し，住宅の建替え・修繕等に対する低利の融資，子どもの養育・就学支援など，経済的に支援するさまざまな制度があります。近年では被災者の生活再建支援の必要性が強く認識され，法制度の整備と財源の拡充が進められています（⇒Q4）。

2．被災者に対する行政の支援

Q2 被災者は行政からどのような救済や支援が得られるでしょうか？　それにはどのような手続きが必要でしょうか？

A2 災害に関する行政活動の中で，被災者の生活に関係が深いものに絞って説明します。

(1) 災害が発生した直後の応急的な対応

　第一に，被災者による申請を必要とせず，行政側で手配するか，状況を伝えるだけで受けられるものがあります。災害発生後の応急的な救助は災害救助法第23条で規定されています。人命救助，負傷者の救護，安否の確認，遺体の捜索と身元確認，埋葬，避難所の設置，食事や飲料水の供給，衣類・寝具など必需品の提供，緊急医療などが行われます。

　これらはいずれも短期間の援助ですが，大きな災害では避難所暮らしが長びくことがあります。避難所ではプライバシーを守るのが難しく，狭い場所で多くの人が不自由な生活を強いられるため，ストレスで心身の健康を損なう人が少なくありません。行政の力だけでは足りず，ボランティアの手も借

りなければならないことがあります（⇒13章）。

なお，災害救助法は避難中の被災者を救助するために現金を給付できると定めていますが，政府はこの規定の運用を停止し，現金給付を行わず，その代わりに「現物支給方式」をとってきました。しかし避難生活でも，被災した人に現金を渡して自分で使い方を考えてもらう方が個人のニーズに適切に対処できるはずだという批判もあります。

(2) 被災者の申請が必要な支援

　第二に，被災者が行政に被害を伝え，救済や支援を申請し，担当者とやりとりしなければならないものがあります。行政機関は被災者の申請に基づき，国の法令や自治体の条例・規則・ガイドラインに照らして対応を決めます。住宅の応急修理，仮設住宅など生活再建支援の多くがこれに含まれます。義捐金の配分も待っているだけではやってくれません。

　行政機関は多数の申請を限られた時間と人手で処理しなければならないので，決まった書式の文書によって処理します。大きな災害では被災者が窓口に殺到し，担当者も大変なストレスを受けます。受給の要件をなるべく単純化し，時間がかかる複雑な専門的判断を必要としない方法が望まれます。行政との交渉を手助けするサービスも役に立つでしょう。

　災害で死亡した人の遺族には，前述のように，災害弔慰金が死亡者1人当たり最大500万円まで支給されます。ただし運用の面では，病気が悪化して死んだ人や自殺した人を災害による死者とみなすかどうか，という災害関連死の認定の問題があるようです。

　多くの場合，行政の支援を受けるには「り災証明書」が必要です。市町村が建物の被災状況を調査して「全壊」「大規模半壊」「半壊」「一部損壊」に区分して発行するもので，義捐金や被災者生活再建支援金，災害援護資金の融資などを申請するのに必要となります。

　住民が居住地の外に長い間避難すると，自治体では把握がしにくく，申請や支援も難しくなります。自治体間の協力，情報交換を密にし，他の地域に避難している住民との接触を絶やさないことが大切です。外部の自治体が職員を派遣したり，避難所を提供して助け合ったりすることは，協力する自治体の経験とノウハウの蓄積にも役立ちます。

3. 被災者の住まいをどうやって確保するか

Q3 災害で住居が壊れて住めなくなってしまったら、どうすればいいのでしょうか？

A3 自力で手配するほか、行政が提供する応急仮設住宅、災害復興公営住宅などに入居する、被災者生活再建支援法の居住安定支援制度を利用するなどの方法があります。

(1) 自力で確保する

　生活の拠点であり、最大の個人資産である住宅が失われるのは大変なことです。住まいは生活の再建と復興の基盤です。被災地で新しい仕事がすぐ見つかるとは限りません。現在の住まいから通勤できずに職を失えば、被災地を離れて移住するか、生活保護に頼らざるを得なくなるかもしれません。近年ではケアの観点から在宅での医療・介護の充実が叫ばれていますが、住宅を失えばそれも難しくなります。

　第一の方法は、親戚や知り合いに間借りする、社宅や会社の寮に一時入居する、自費で賃貸住宅を借りるなど自助や共助による確保です。自宅の再建費用をまかなうには、貯金を取り崩す、地震保険を利用する、被災者向けの優遇住宅ローンを活用するなどの方法がありますが、被災者も自分のお金を出す必要があります。持ち家はふつう一生に一度の買い物で、個人ができる災害対策は地震保険に加入するぐらいでしょう。阪神淡路大震災では壊れた住宅を再建するにあたって二重ローンの負担が大きな問題になりました。

(2) 行政が提供する

　第二は、自力で住まいを見つけられない人向けに行政が提供する方法です。一般的な方法では、まず災害救助法の規定に基づいて設けられる避難所に入り、同法による応急仮設住宅が建てられたらそれに移ります。応急仮設住宅には入居期間の制限があるので、一定の期間が過ぎても住む家がない被災者は自治体が運営する災害復興公営住宅に入居します。

これは他に方法を認めないワンウェイ方式と呼ばれることがあります。入居期間に制限があり、入居資格にも所得の制限があるなど硬直的な制度であり、仮設住宅や公営住宅の位置が不便なことが多く、生活再建には都合が悪いとしてあまり評判が良くありません。被災世帯数が多くなると用地の取得や費用の問題で応急仮設住宅の建設が難しくなります。持ち家の住人の多くは元の場所に自宅を再建したいと考えるでしょう。住宅が損傷を受けても修繕して住めるのであればその方が安上がりで、住民の復興活動にも有利です。

(3) 被災者生活再建支援法による住宅再建支援

かつては、私有財産の形成や再建は所有者の自己責任であり、国や自治体が公費を出すべきことではないとされました。「焼け太り反対」論、災害の原因によって支援に違いが生じることに対する公平性の問題、財政負担などが公的支援の壁になっていました。

しかし阪神淡路大震災をきっかけに状況が変わり、1998 (H10) 年に「被災者生活再建支援法」が制定されます。これは都道府県が拠出した基金を国が指定した被災者生活再建支援法人が活用して、その中から被災者の申請に基づいて支援金を支給する制度です。その後2回にわたって法律が改正され、住宅再建の公共性を認める方向で居住安定支援制度が整備されました。主な改正内容は、a. 支援金の使い方を制限するのをやめて住宅本体への支援を可能にしたこと、b. 支援金限度額の引き上げ（全壊＋建設・購入で最大で300万円）、c. 必要額の積み上げ方式から定額渡し切り方式への移行、d. 年齢や年収要件を撤廃したことなどであり、以前より使いやすい制度になったと評価されています。ただし基金が不足しており、300万円の給付金だけでは新しい家を建てるのは無理なこと、「大規模半壊」より軽い被害には支給されないことなど、問題点も指摘されています。東日本大震災では特例措置として国の補助率が80％に引き上げられ、補正予算で財源が手当てされました。

なお東日本大震災では「みなし仮設住宅」への支援が注目されました。都道府県が民間賃貸住宅を借り上げて仮設住宅の代わりに提供したり、被災者が契約した賃貸住宅に対して入居費用や家賃を期限付きで補助したりする制度です。プレハブの仮設住宅より安上がりで、新たに建設用地を確保する必要がありません。ただ、仮設住宅建設に備えて資材を用意していた建設業者

には期待を裏切られたという想いもあったそうです。

4．地域社会の復興と住民

> **Q4** 自治体と住民は地域の復興についてどのように考えたらよいのでしょうか？
> **A4** 被災自治体は住民の意向を把握しながら復興計画を策定します。復興には単純な復旧と違ってさまざまな課題があり，自治体と住民の合意づくりが欠かせません。

(1) 復旧と復興のちがい

　大きな災害では復旧と復興を区別する必要があります。道路・電気・水道・ガス・通信などのライフラインを復活させ，行政機関と主要公共施設の活動を再開することが「復旧」にあたります。火山噴火，大震災，大津波，原子力発電所の大事故などで長期間住めなくなってしまった場合を除けば，恐らく数日から数ヶ月で「復旧」できるでしょう。

　しかしそれだけでは住民生活が「復興」したことになりません。完全に元には戻せなくても，地域の経済活動が再開され，住民が働いて自立できるようになり，居住，職場，医療，福祉，教育がそろってはじめて復興といえるのです。「居住，移転及び職業選択の自由」は基本的人権（憲法第22条第1項）であり，住民の希望はできるかぎり尊重すべきでしょう。

　「災害に強い，新しいまちづくり」と「住民が元の生活に戻ること」は必ずしも両立しません。太平洋戦争の戦災復興でも，名古屋市や札幌市のように幅の広い直線道路を建設し，防火帯や公園を整備するなど大規模な改造を行った都市がある一方で，まず被災者を飢えさせないことを優先した東京都は抜本的な改造ができず，都市基盤の整備は遅れることになります。前者でも当時は移転させられる住民から反発がありました。

(2) 抜本的な改造か，被災者の復興か

　被災地に災害に弱い構造的な弱点があるならば，抜本的な改造が求められ

ます。防災を重視して都市計画を定め，復興事業を行い，より安全で住みよいまちを造り，新たな発展をめざします。ただしそれによって地価や家賃は以前よりも上がる可能性があります。復興した地域から高い家賃や借地料を払えない住民が出ていき，より裕福な人々が移り住んで入れ替わることを「ジェントリフィケーション」(gentrification) と呼んでいます。

それに対して，被災した住民がかつての生活を取り戻す「被災者の復興」をめざす考え方もあります。きめ細かい支援をするには行政もコミュニティの共助に頼らざるをえず，それにはもとの居住地やその近隣での住民のまとまりが必要です。ただしそれでは災害に弱い構造は変えにくいので，再び災害にあう可能性があります。巨大地震や津波にはハードウェアでの対応は限界があります。避難施設を整備したり，避難道路を作ったりするなどの方法で人命の損失を少しでも減らすことを優先しなければならないかもしれません。

経済活動が活発な大都市部と異なり，高齢化が進んで産業が停滞している地域では，防災に重点を置いて復興事業・再開発事業を行っても，復興を新たな発展に結びつけるのは難しい場合が多いようです。ある程度のリスクは覚悟して「減災」を図りながら，地元の企業と産業の再建を援助し，住民の雇用を優先することが現実的かもしれません。自治体は復興プランの叩き台を速やかに提示することが望まれますが，いずれにしろ，住民が納得し，復興の積極的な担い手になれるようなプランを作らなければなりません。

参考文献
- 山中茂樹『いま考えたい 災害からの暮らし再生』岩波ブックレット776（岩波書店，2010年）
- 越澤 明『大災害と復旧・復興計画』（岩波書店，2012年）
- 地引泰人「行政による被災者生活再建支援」（吉井博明，田中淳編『災害危機管理入門』弘文堂，2008年）第8章第1節
- 関 公一『中越大震災 自治体の叫び』（ぎょうせい，2006年）

第13章　災害支援——民間

1. いろいろな民間の支援活動と
   それらの長所・短所について

Q1 わたしも災害のボランティアをしたいのですが、民間の支援活動には、どのようなものがあるでしょうか。また、その長所と短所は何でしょうか。

A1 支援活動の種類には、災害が発生してからどのくらい時間がたったか、現地とどのくらい深く関わるか、支援の内容などによって、いろいろなものがあります。長所としては、①いろいろなニーズにこたえることができること、②活動が柔軟であること、③活力、などをあげることができるでしょう。また、短所としては、①信頼の問題、②どのくらい長く継続して活動できるかの問題、③活動する人の人権の問題、④ひとりよがりや活動すること自体にこだわってしまうことの落とし穴、などがあげられます。

(1) 支援活動の種類

　支援というと、物を運んだり、がれきを取り除いたりということをイメージし、しり込みする人もいるかもしれません。もちろん、そういうことも重要です。しかし、災害によって生まれるニーズにはいろいろなものがあり、支援の活動はそれらに寄りそう形でなされるため、当然いろいろなものが生まれてきます。まず、時間の流れにそっていえば、災害が発生したすぐ後には、避難所などへの物資などの緊急支援、炊き出し、がれき撤去などのお手伝いなどがあります。そして、少し時間が経過してきますと、仮設住宅での活動、コミュニティの復興支援などが続きます。次に、現地との関わりの回数でいうと、たとえばピースボートなどのように、被災地をまわってできるだけ多くの人に被災地のいまの姿を見せるといった、いわば1回限りのものから、たとえば一部のYMCAやカリタスなどのように、特定の場所を拠点として、ある程度息の長い活動をしているところもあります。そして、活動の内容としては、お茶会や手芸教室、音楽会などを開き、仮設でのコミュニティづくりに一役買ったり、子どもたちの遊び相手、あるいはその勉強のお

手伝いをしたり，お年寄りをたずねてその人たちが孤立しないようにしたり，被災者の話を聞いて心理的な負担を軽くするお手伝いや，そのニーズを明らかにし，他の機関や行政などにつなげたり，被災者が作った手芸品などを他の場所にもっていってバザーなどを開催し，その収益を被災者の手元に届けたり，インターネットなどを通じて復興し始めた商店街の情報を広めたり，就職先が見つかるようにお手伝いしたり，と本当にいろいろです。

　東日本大震災では，ノウハウなどがたくわえられてきた反面，活動のパターン化がみられたとの指摘もないわけではありません（山下，第5章第4節）。民間の自由さ・活力を生かした，柔軟できめこまやかな支援活動がなされるのが望ましいといえるでしょう。

(2) 民間の支援活動の長所と短所

　民間の支援活動は，余計な制約のない中で，いろいろな人が参加します。そのため，その内容はゆたかで，活動は柔軟で，活力にあふれていることが長所としてあげられるでしょう。東日本大震災でも，行政がいろいろな制約のせいで身動きができないでいる中で，民間のNGOがこれまでのノウハウや資金を活かして，柔軟できめ細やかな活動を行ったとされます。行政は，管理の観点から，こういった民間の支援活動まで一定の枠の中にはめこもうとしがちです。しかし，いろいろな規則などでがんじがらめになっている行政とは違って，自由な民間にしかできないこともたくさんあります。民間と行政がおぎないあって支援をしていくことが大切です。

　逆に，短所としては，第一に，信頼の問題があることもあげないわけにいきません。中には，支援をよそおう人間もいるでしょう。一応の「信頼」を，もともと持たれている行政とは違って，現地の人たちにとっては，どのようなことをしてくれるかもわからず，もともと誰かもわからない人がきて活動するわけですから，信頼を勝ちとっていくためには，かなりの時間と労力がいります（しかし，警戒・管理が行き過ぎると，せっかくの支援活動が硬直化した無味乾燥なものになってしまうおそれがあります。また支援者の中に現地の人が入っているからといって，いつも本当の意味での信頼を得ることができるわけでもありません）。まして，なにかをしてやっているんだといったような態度では，表面的には感謝されたとしても，結局，現地の人の負担，そして，不信と不満を生み出すだけに

終わってしまう危険性もあります。

　第二に、どのくらいの大きさの活動をどのくらい長い間、続けられるかの問題もあります。支援には、お金も時間も体力もいります。お金をいっぱい持っている団体はともかく、多くのところはお金が足りずに困っています。また、もしお金があったとしても、時間がたつにつれて人がいなくなることも問題です。活動する人すべてに十分なお金を払えるわけではなく、どうしてもボランティアに頼ることになりますが、災害から時間がたってくると、そのボランティアをみつけるのが難しくなってきたりするのです。また、最終的には地元の人が自活できることが重要ですが、民間では雇用をつくりだすことまではなかなかできないのが現状です。

　第三に、活動する人の人権の問題があります。たとえば、支援する中でけがをしたり、病気になったとしても、その手当が十分でない場合があります。また、被災地の治安の問題もあります。混乱の中で、どろぼう、強盗や性犯罪なども起こる危険性もあります。

　そして、第四に、これはとくに民間だけにいえることでは決してないのですが、ひとりよがりや活動すること自体が目的になってしまったりすることもあります（中には、支援を、自分がかかえる問題から「逃げる」ための「口実」にしている人もいないわけではありません）。また、地元のニーズに無頓着だったり、地元の商売を圧迫したり、ほかの団体をライバル視したり、とにかく活動することばかりにしがみついてしまったりしたとしたら、なんのための支援活動かわからなくなってしまいますが、そうした例も見られないわけではありません。

2．支援のための豆知識

Q2 支援のために、知っておくべきこと、身につけておくべきことなど、何かありますか。

A2 一言でいいますと、①ひとりよがりにならないこと、②多くの仲間をもつこと、③話を聞く能力を身につけること、④状況をすばやく正確にみて、もくもくと働くことのできること、⑤情報を発信し、政府や大資本の対応、地域の問題などに対して、はっきり

と声をあげていくことができること，などが重要です。

～～～～～～～～～～～～～～～～～～～～～～～

　第一に，（前の節で書いたことと重なることではありますが）たとえば，自分はすばらしいことをやりにいくのだ，などという気持ちでいるとひとりよがりになってしまう危険性があります（たとえば，中には，支援物資を持っていったはいいが引き取り先がなく，あるところに押しつけてあとで回収に来るからといって帰ってしまい，その後音沙汰なしという人，あるいは，自分がいかにすばらしいことをしているかを長々としゃべってひんしゅくを買ったりする人もいないわけではありません）。支援を受ける相手がひとりの人間であることを見失わないようにし，自分が関われる範囲をしっかり見極めようとしなければなりません。その際，とくに，①引き際はいつか，②自分の活動が本当に支援を必要としている人に届いているか，などについて注意しなければなりません。①について，たとえば，物資の提供や様々なサービスなどは，いつまでもやっていてよいというわけではありません。相手の依存心を引き出したり，地元の商売の差しさわりになることは避けるべきでしょう。コンサートなども，かえって地元の負担になる場合もあります。また，②について，成果を求めすぎると，とっかかりがあるところで適当に手を打ってしまうこともあります。しかし，相手があまり支援を必要としていなかったり，中には支援活動とつながりをもつことを自分の利益のために利用しようと考える向きもないわけではありません。自己満足に陥らないように，自他の範囲を見極め，手を引くべきときについても考えておく必要があります（その際，まちがっても，支援活動を自分がかかえている問題から「逃げる」ための「口実」にしてはなりません）。

　第二に，多くの仲間をもつことですが，これは情報共有（たとえば，ボランティアの場合，ボランティアセンターなどから仕事を回してもらうという手もありますが，なかなか仕事が割りふられないなどということもあります。多くの仲間がいれば，そのような非効率な事態は避けることができるかもしれません。また，自分では手に負えない場合，専門的な知識や技術などをもつ仲間につなげることができるでしょうし，自分で抱え込むのではなく，仲間につなげた方がよいでしょう），協同作業，互いのケア（次節で説明しますが，支援に伴うストレスはものすごく重いものになる場合が少なくありません）など，多くの点で本当に重要です。もちろん，ひとりで支援活動にでかけて

はいけないというわけではありません。しかし，何ごとにおいてもそうですが，やはり仲間を多くもつ方がよりよいことはいうまでもないでしょう。

　第三に，相手の話を聞く能力が求められます。被災者同士ではかえって話しにくいことも多く，よそから来た支援者の方が話しやすいという場合もあります。誰かに聞いてもらうだけで気持ちが楽になるということもあります。しかし，注意すべきなのは，最終的なこたえは，被災者自身が見つけ出すものだということです。支援される側は，支援されているという「負い目」もあって，支援者のいうことにさからいにくいという場合もあり得ます。支援者は，おしつけにならないように注意しつつ，話を聞くことなどによって，被災者自身がそのこたえを見つけ出すお手伝いをすることが求められるのです。

　第四に，何よりもくもくと働くことができることが求められます。被災地では，やるべきことはたくさんあります。それを，もくもくとやっていくことが重要です。その際，ただ単に，与えられた仕事をこなすというのではなく，周りを見回して，次になにをやる必要があるのかを自分で見つけ出すことができるようになる必要があります。

　そして，第五に，自分が目にした状況や考えたことなどについて情報を発信し，政府や大資本の対応，あるいは，ある地域がもともとかかえている問題などについて考え，またその考えを人々に広く示していく能力ももつことができれば，なお，よいと思われます（政府の対応の問題だけでなく，大資本の問題もあります。たとえば，被災地に大資本が進出することによってパートなどの雇用は生まれるかもしれません。しかし，それによって地元の商店などが打撃を受けるなどして，結局は大資本による「植民地化（ここでは，おおざっぱに，利益は，大資本にすべて吸収され，地元には，パートなどの『ドレイ』的な形でしか利益がもたらされない状態になることとします）」が進行するだけ，などということもあり得るのです）。現状や政策などに対して，受身の姿勢でいるだけではいけません。このような姿勢を身につけるために，普段から災害の情報や心理，制度などについての情報を集めておくことも大切ですし，学生であれば，たとえば，部活やアルバイトなどを通じて，機敏に動ける人間になっておく必要もあるでしょう。そして，何よりも，ものごとを批判的にみる精神が大切です。ただ単に，助け合い，絆などというキャッチフレーズですませてしまうのではなく，被災した地域がよりよく

発展していくために，何が必要なのか，それを妨げている要因はなにか，などということについて，支援者は，そうでない人よりも現地の情報を多くもっているのです。それを広く共有することも，めぐりめぐって支援活動ということになるはずです。

3．「燃えつきない」ために

Q3 支援活動をするとき，注意すべきことは何でしょうか。
A3 自分自身の安全・収入には十分に気をつけて，支援活動の中でどうしてもでてくるストレスなどへのケアについて，できるだけ対策を考えておく必要があります。

　支援のために，情熱を燃やすことは重要です。しかし，わたしたちはスーパーマンではありません。支援をする人たちの安全・収入・健康などが守られる必要があります。

　まず安全ですが，支援の際には，現地の情報をできるだけ広く収集し，現地に着いてからも，たえず情報に気を配る必要があるでしょう。たとえば，地震などの場合，まだ大きな余震があることもあります。あるいは，先に書いたように，治安の問題がでている場合もあるのです。これらの情報をできるだけ集めて，自分の身は自分で守らなければなりません（しかし，自分の身は自分で守るといっても，それには限界があります。支援活動のときにうけた被害は「自己責任」，などというのはあまりにも問題がありすぎます）。

　次に収入ですが，支援活動に行く際には，職を確保し，雇用先に十分説明しておく必要もあるでしょう。支援から戻って，職がなく，食べるのに困るなどというのでは，支援を続けることはできないでしょう。

　そして，健康ですが，支援活動は多くの疲労やストレスを伴います。たとえば，食べ物，着るもの，寝る場所，おふろなどもままなりません。がれき撤去など，体力的に厳しい場面もあるでしょう（しかも，危険なことに，現地にいる間は案外耐えることができてしまい，あとでがっくりくることがあります）。また，が

れきが散乱しているところは，ガラスや鉄など，とがったものがどこにあるかわかりません。釘などを踏んでしまい，破傷風などになる危険もあります。そのため，はじめのころは鉄底の長靴などを用意する必要もあるでしょう。そして，何より，注意すべきは，支援者もまた，PTSDなどを発症する危険性があるということです。被災地の状況は想像を絶するものがあります。そこで無力感にとらわれるということもあるかもしれません。また，被災者から被災の話などを聞くことにより，あたかも支援者自身が被災したかのように感じてしまうこともあります（たとえば，被災者と一緒に何かの作業をしているときに，被災者がぽつりぽつりと亡くなった方のことを語りだし，いきなり涙を流したなどという話をよく聞きます。こういうことが重なるうちに，自分もその場にいたような錯覚が生まれてくる場合もあります）。また，たとえば，気持ちが荒れている方などを相手に心をくだくこともあるかもしれません（その地域などの難しい人間関係にボランティアが巻き込まれることもないわけではありません）。そして，地震などの場合，余震が続いていて，支援者自身が命からがら避難するという場面もあるかもしれません。現地にいて活動している間には，これらのストレスは，あまり表面化しないようです。しかし，戻ってくると，活動意欲がひどく失われたり，夜寝ることができなかったりするなど，いろいろな症状がでてくることがあります。このため，支援者同士で話を聞きあったりすることなどを通じて，あるいはカウンセラーのお手伝いも得て，支援する人たちの心理的負担を取りのぞく工夫をしなければなりません。

参考文献
・ウィメンズネット・こうべ編『災害と女性―資料集』（2005年）
・加藤寛，最相葉月『心のケア』（講談社現代新書，2011年）
・山下祐介『東北発の震災論』（ちくま新書，2013年）
（なお，本章執筆にあたり，被災地の方々やカリタス大船渡，カリタス釜石，湘南DVサポートセンター，世界の医療団，マザーハウス，もりおか女性センター，早稲田YMCAなどからもいろいろな情報をいただきました。ここで感謝の意を表させていただくと同時に，それらの情報を不十分にしか分析・整理できなかったことを深くお詫び申し上げます。また，本章の記述は，すべて宿谷の責任のもとでなされたことを付言させていただきます。）

第 14 章　災害と法的責任

1．災害の発生と刑事責任

Q1 原発事故，トンネル陥落事故など，「災害」とはいえ，その背後に，誰かの何かしらのミスがある場合も多いように思います。とくに，多くの人が亡くなったり，重傷を負ったりするなど，重大な被害が発生するような事故が起こった場合には，その原因となるミスをした人に，刑罰を科すことによって，責任を取らせるべきなのではないでしょうか。

A1 刑罰は，「最終手段」としての制裁であるといわれています。それゆえ，重大な事故が発生したからといって，なんでも刑罰を科せばよいというものではありません。

(1) 刑罰の目的

　刑罰は，犯罪行為に対する非難として，人の持つ重大な利益を剥奪することによって，犯罪者に大きな苦痛を与えるものです。どのような行為が犯罪で，それにどのような刑罰が科されるかは，法律，主に「刑法」に規定されています。法律に規定されていない行為を犯罪とすることはできませんし，法律に規定されていない刑罰を科すこともできません。これを「罪刑法定主義」といいます。わが国の刑罰には，生命を剥奪する死刑，自由を剥奪する懲役・禁錮・拘留，財産を剥奪する罰金・科料・没収の7種類があります（刑法9条）。

　犯罪行為に対する非難という意味では，刑罰は「応報」であるということができます。同時に，刑罰は，将来の犯罪の発生を「予防」しようとするものでもあります。このうち，一般の人々が将来的に犯罪を行わないようにすることを「一般予防」，犯罪者が再び犯罪を行わないようにすることを「特別予防」といいます。

　刑罰を科すことの背景には，被害者の視点からは「復讐」，加害者の視点からは「贖罪」，国家の視点からは「秩序の維持・回復」といった思想があるということができます。刑罰は，被害者・加害者・コミュニティの三者間にお

ける法的平和を回復するための最終手段ですから、犯罪者に刑罰を科すことをまた、「ケア」の一態様であるといえるでしょう。

(2) 責任主義

とはいえ、結果の重大性だけを理由として、人に刑罰を科すことはできません。刑法には、「責任なければ刑罰なし」という大原則があるからです。これを、「責任主義」といいます。刑法は、「罪を犯す意思がない行為は、罰しない。」として、犯罪となることを認識しつつあえてなされた行為、すなわち、「故意」になされた犯罪行為のみを処罰することを原則としています（刑法38条1項本文）。

もっとも、故意がなくても、「過失」があれば、責任を問う余地があります（刑法38条1項ただし書、同209条以下など）。その際には、その人がどのような「注意義務」を負っていたかが重要となります。注意義務は、結果の発生を予見すべきであるという「結果予見義務」と、結果の発生を予見したならば、それを避けるための努力をすべきであるという「結果回避義務」からなり、過失とは、これらの義務に違反することをいいます。また、人に義務を課すためには、前提として、それができなければなりませんから、結果を予見できたという「結果予見可能性」と、結果を回避できたという「結果回避可能性」が、それぞれ必要となります。このように、結果を予見できたはずなのに予見せず、予見できた結果を回避できたはずなのに回避しなかったために結果を引き起こしたといえる場合に、その行為は、過失による犯罪行為として責任を問われることになるのです。

とりわけ、事故による災害というのは、「○○をしなかった」ために発生することが多いと思われます。このように、「○○をしなかった」ことによって引き起こされる犯罪のことを、「不作為犯」といいます。不作為犯が成立するためには、その人に、「○○をすべき」義務があること、すなわち、「作為義務」があることが前提となります。

こうして、作為義務のある人が、故意または過失によってその事故を引き起こしたのでなければ、その事故の責任を、刑罰を科すという形で誰かに問うことはできないのです。

(3) 刑罰を科すことの意義

　以上のように，事故の発生を防ぐために「○○をすべき」義務のある人が，故意または過失によって「○○をしなかった」ために事故が発生し，その結果，人が亡くなったり，傷害を負ったりした場合には，その人に対して，それが故意によるものであれば殺人罪（刑法199条）や傷害罪（刑法204条）が，過失によるものであれば業務上過失致死傷罪（刑法211条1項前段）が成立することになります。

　たとえば，1999（H11）年9月30日，株式会社JCOの核燃料加工施設内で発生した臨界事故により，至近距離で中性子線を浴びた作業員3名のうち，2名が死亡，1名が重症となったほか，667名の被曝者を出したとされる，「東海村JCO臨界事故」では，常務取締役東海事業所長兼技術部長，取締役製造部長兼製造グループ長，製造部計画グループ長，製造部製造グループ職場長，製造部計画グループ主任，スペシャルクルー副長（重傷を負った作業員）の6名が，作業員2名を死亡させたことについて，業務上過失致死罪の有罪判決を言い渡されています（水戸地判2003（H15）3・3判タ1136・96）。

　また，薬害なども人の手による災害ということができますが，HIV（ヒト免疫不全ウイルス）の混入した非加熱製剤を投与され，エイズを発症した血友病患者が死亡した「薬害エイズ事件」では，①血友病の専門医であり，病院の内科医長であると同時に血液研究室主催者であり，旧厚生省のエイズ研究班の班長であった医師（帝京大ルート），②製薬会社の代表取締役社長，代表取締役副社長兼研究本部長，代表取締役専務兼製造本部長（ミドリ十字ルート），③旧厚生省薬務局生物製剤課長（厚生省ルート）の5名が，それぞれ業務上過失致死罪で起訴され，②のミドリ十字ルート（最決2005（H17）6・27判例集未登載）と，③の厚生省ルート（最決2008（H20）3・3刑集62・4・567）で，それぞれ有罪判決が言い渡されています（①の帝京大ルートは無罪（東京地判2001（H13）3・28判時1763・17））。

　もっとも，このような高度な専門領域における事故を，片っ端から過失犯として処罰していくことには，問題があることも否定できません。すなわち，有罪となるのを恐れ，関係者が事の詳細を明らかにしないことによって，事故の発生原因の究明が難しくなり，事故の再発を防げなくなるおそれがあること，また，事故の発生を恐れ，リスクを極力回避しようとして，科学技術

の発展が妨げられるおそれがあることなどが考えられるからです。その意味でも，とりわけ過失に対する責任を認める場合には，なるべく慎重でなければなりません。「人は誰でも間違える（To err is human）」ものなのですから，ミスを犯した個人を責めるより，ミスを犯さないシステム作りこそが重要であるといえます。刑罰もまた，その目的を達成するための範囲内でのみ用いられるべきなのです。

2．災害の発生と法人の刑事責任

Q2 たしかに，なんでもかんでも刑罰を科すという形で，個人の責任を問うことが必ずしも適切ではないことは理解できました。では，個人ではなく，その事故を引き起こした企業などに刑罰を科すことによって，責任を取らせることはできないのでしょうか。

A2 わが国の刑法は，団体責任を否定し，個人責任を原則としているため，企業のような組織体そのものを，たとえば業務上過失致死傷罪で処罰することはできません。しかし，企業などの組織体そのものを処罰することを明示した，特別法違反の罪が規定されている場合には，その規定に従って，企業なども処罰されます。

(1) 法人の犯罪能力

　企業などのように，人ではないけれども，法律によって権利義務の主体となることができるもののことを，「法人」といいます。法人が犯罪をなしうるか，また，法人を処罰することができるかをめぐっては，従来から争われてきました。

　かつての判例・通説は，これを否定してきました。そこでは，①犯罪の中核である行為は，意思の発現としての心理的・物理的存在であり，法人にはその意味における行為能力がない，②法人には責任能力がないから，責任を問うことができない，③刑罰を受けるのは刑罰のもつ感銘力を感受しうる者に限られるから，法人には受刑能力がない，などといったことが，その理由とされてきました。

これに対して、肯定説も有力に主張されてきました。そこでは、①法人自体による加害行為として評価しうるような社会的実体が存在する、②法人の活動に関連して生じる法益侵害を防止するには、法人自体に刑事制裁を加えることが最も有効な手段である、③法人とその機関との関係は人とその手足の関係と同視できるから、法人の機関の行為はそのまま法人の行為とみることができる、などといったことが、その理由とされてきました。

たしかに、刑法に規定されている犯罪の中には、住居侵入罪（刑法130条）などのように、およそ法人には犯すことのできないものもあるし、刑罰のうち、生命や自由を剥奪するものは、法人に対する処罰を予定していないといえるため、法人は犯罪主体として想定されていないとみることもできそうです。しかし、行政取締法規の違反などについては、法人それ自体の行為を考えることのできるものも多く、財産の剥奪によって、法人自体を罰することも可能なのですから、法人についても犯罪能力は肯定されるべきでしょう。

(2) 法人処罰規定

もっとも、法人を処罰することができるのは、法人処罰規定がある場合に限られます。その多くは、「両罰規定」という形をとっています。両罰規定とは、法人の従業員の違反行為につき、行為者本人を処罰すると共に、事業主である人や法人をも処罰する規定のことをいいます（独占禁止法95条、金融商品取引法207条など参照）。この場合には、従業者の選任・監督上の過失が事業主に推定され、その責任が問われるものとされています（最大判1957（S32）11・27刑集11・12・3113、最判1965（S40）3・26刑集19・2・83など参照）。

なお、「東海村JCO臨界事故」でも、企業であるJCOに、原子炉等規制法違反および労働安全衛生法違反の罪について、両罰規定によって、有罪判決が言い渡されています。

もっとも、行政取締法規の違反に対する制裁としては、刑罰のほかにも、行政法上の「過料」（刑罰としての「科料」とは異なる）や、営業などの「許可取り消し」、違反者の情報を社会に公表する「制裁的公表」など、様々な方法が考えられます。また、義務違反に対して直ちに刑罰を科す「直罰制」だけでなく、まず改善命令などの処分を行い、その違反に対してはじめて刑罰を科す「間接罰方式」も考えられます。ここでもやはり、刑罰はあくまでも「最終手

段」であるということが忘れられてはならないというべきでしょう。

3．災害と行政の責任

> **Q3** 爆弾低気圧の影響で，裏山の土砂が崩れ，家が半壊しました。行政に対して責任を追及できるでしょうか。
>
> **A3** 災害が生じたときに，行政に責任が追及される対象のうちに，自然のものと人工のものがあります。前者は河川の洪水など自然に由来する災害（Q2）で，後者はトンネルや道路の崩落事故，転落事故など人工の物にかかわる災害（Q3）です。

(1) 自然に由来する災害

> **Q4** 近くに一級河川が流れています。まちの人たちも大好きだったのに，この前の大雨で川が氾濫し，町中の家々が床上浸水して通常の生活が送れなくなりました。わたしたちはこの被害について行政に賠償してもらえるでしょうか。
>
> **A4** 河川の水害には，改修の完了した河川と，そうでない河川とでは，その川が安全であることの期待値が異なってきます。河川はみんなで利用するもの（公共用物）ですから，議会が配分を決めた予算のなかから改修をすることになります。それにもかかわらず改修がなされたけど不十分だったり，そもそも改修途上あるいは未改修であった場合についての河川の氾濫につき，裁判所は，異なる判断を出しています。

(i) 改修されていない河川

改修されていない河川について，裁判例（大東水害訴訟（最判 1984（H59）1・26））では，河川の改修には財政的・技術的制約・治水用地の取得などの社会的制約があるので，河川の管理には「過渡的な安全性」を確保するだけで管理する責任を問われない，と判断され，河川を管理する国とその費用を負担する大阪府に対する損害賠償は認められませんでした。

(ii) 改修済みの河川

改修済みの河川については，裁判例（多摩川水害訴訟（最判 1990（H2）12・13））では，改修工事の計画で想定された規模の洪水であったことを前提として，それに対応するだけの堰・護岸の構造によって堤の破損を防ぐことができたとして，多摩川の管理者である国に，住民の損害を賠償する責任を認めました。

この未改修/改修済の河川に対する裁判所の判断の違いは，住民にとっての期待可能性の違いにあらわれているといえるでしょう。改修してあるのに氾濫が起きるなどと，住民はあまり予測できませんから。

したがって，河川の洪水による被害については，その管理者である国または地方公共団体を相手に，国家賠償請求の訴訟を提起し，河川管理が財政的・技術的・社会的諸制約のもとで社会通念に照らした安全性を備えているかが審査され，そこに未改修/改修済の河川に対する期待可能性がどのようであるかで損害賠償の有無が左右されるといえるでしょう。

(2) 人工物に由来する災害

> **Q5** 車窓から国道の脇にある山の斜面を見ると，山肌がむき出しになっているようなところを走っていたときでした。こんなところは早く通り過ぎたいと思ってトンネルに入ったところ，突然トンネルが崩落して車はつぶされ，命はなんとか助かったものの骨折など重傷を負いました。トンネルの上に巨大な落石があり，古いトンネルもろとも崩れたことが原因でした。私は国に対して損害賠償を求めることができるでしょうか。
>
> **A5** 落石事故や崩落事故など道路に関する災害について，国および地方公共団体の責任が比較的ゆるやかに認められてきています。

落石事故について，国道の山側斜面から岩石が落下し，貨物自動車の助手席を直撃し，助手席に座っていた人が即死した事件で，裁判所は，管理者である国と費用負担者である高知県が，防護柵または防護覆を設置したり，山側に金網を張るなどの措置をとらなかったことを認めて，道路の管理が不十

分だったとして賠償責任を認めています（高知落石事件（最判1970（S45）8・20））。

また，悪天候のもとでバス2台が土石流のために川に転落した事故では，道路を管理する国が「不可抗力」だったと主張したが，通行止め等の措置をとることができたはずだとして，国の責任を肯定した事例があります（飛騨川バス転落事件（名古屋高判1974（S49）11・20））。

災害は，一見すると人には事前に防ぐことが難しいような「不可抗力」と思われることが多いですが，それでも，予測しうる範囲の措置はとっておかねばならないのです。したがって，自然災害だからしょうがない，とあきらめるのではなく，被害を受けた場合の責任をきちんと考えることが重要です。

参考文献

- 甲斐克則編『現代社会と刑法を考える』（法律文化社，2012年）
- 佐伯仁志『制裁論』（有斐閣，2009年）
- シドニー・デッカー／芳賀繁監訳『ヒューマンエラーは裁けるか』（東京大学出版会，2009年）

- 宇賀克也『行政法概説Ⅱ 行政救済法〔第3版〕』（有斐閣，2011年）

第 15 章　国際犯罪とケア

1．国際犯罪とは？　国際刑事裁判所（ICC）とは？

> **Q1** このまえ，A部族の兵士たちがB部族の女性たちを集団で強姦したというニュースをみました。そのとき，国際犯罪という言葉を耳にしましたが，国際犯罪にはどういうものがありますか？また，国際犯罪で個人を処罰できますか？
>
> **A1** 国際犯罪には，たとえば，ジェノサイド・アパルトヘイト，拷問，強姦，強制売春，侵略，戦争の相手の国の文民を殺したり，不当な扱いをすること，海賊行為，環境犯罪，テロなどがあります（注：ここでは，個人の国際犯罪だけについて書きます）。そして，国際犯罪は国内裁判所で個人が処罰される場合もありますが，国際社会での特別な裁判所として国際刑事裁判所（以下，「ICC」と書きます）があります（ただし，すべての国際犯罪がICCで扱われるわけではありません。また，ICCが扱うことができるとされている国際犯罪についても，ただICCひとりだけが扱えるというわけではなく，国や他の国際機関が扱うことができます⇒本節(2))。

(1) 国際犯罪とは？

　国際犯罪とは，被害の影響が1国だけにとどまらずに，国際社会全体におよぶような犯罪のことです。古くから国際犯罪とされてきたものに，海賊があります。しかし，戦後，とくに最近，いろいろな犯罪行為を国際犯罪として，国際社会みんなでなんとかしようという動きが活発になっています。これらの動きには，①平和・人権の実現のために，戦争を違法なものにし，さらには犯罪としていこうとする流れと，②グローバル化が進み，犯罪も国境を超えて被害をもたらすものが増えたことに対処しようとする流れとがありますが，この2つは，いまではかなり混じりあっているとされます。①の例としては，ジェノサイド（集団殺害）罪，人道に対する犯罪（強姦，強制売春，拷問，アパルトヘイト，強制移送など），戦争犯罪（文民の殺戮・不当な待遇，捕虜の殺戮・不当な待遇，スパイ行為，戦場での略奪など），侵略の罪などがあります。日本がかかわりのあるものとして，加害者となったものとしては，侵略，従軍慰安婦，

外国人捕虜などの問題，また逆に被害者となったものとしては，シベリア抑留，原爆の問題などがあります。また，②の例としては，海賊，奴隷取引，薬物犯罪，テロ犯罪，ハイテク犯罪，環境犯罪などがあります。

(2) ICCとは？

　ICCとは，国際犯罪のうち，ジェノサイド（集団殺害）罪，人道に対する罪，戦争犯罪，侵略の罪といった，国際社会の共通の価値をゆるがすようなものであるため，国際社会がとくに関心をもつ重大な犯罪を犯した個人の責任を問うものです（もっとも，これら4つの国際犯罪についても，これまでいろいろな条約によって決められてきた定義と，ローマ規定によって決められたものとはまったく同じであるわけではありません。また，侵略の罪については，定義が定まっておらず，それが定まるまでは扱えません。そして，たとえば，海賊行為，環境犯罪，テロなどは，ICCでは扱いません）。1998 (H10) 年，ローマ規定によってICCをつくることが決められました (2002 (H14) 年発効)。日本は，2007 (H19) 年，ICC協力法をつくり，ローマ規程に参加しました。ICCには，次のような特徴があります。つまり，①国や団体ではなく，個人の刑事責任を問うものであること，②いつも置かれているもの（常設裁判所）であること，などです。

　まず，個人の刑事責任ということですが，よくICCと間違われるものとして，国際司法裁判所 (ICJ) というものがあります。これは，あくまで国と国との間の紛争を解決するための裁判所であって，ここでは，個人は責任を問うたり，問われたりすることはありません。このICJにあらわされるように，これまでの国際社会では，国と国とのヨコの関係が問題とされ，国と個人との関係を問題とする刑事のように，タテの関係を取り扱うことは行われてきませんでした。これは，国際社会が国という対等な立場にあるものたちからできている社会だと考えられてきたためです。しかし，戦後，人権についての国際社会の関心が高まり，その後，90年代以降の地域紛争や内戦の中でなされた，あるいは，1980年代から90年代の民主化の中で前の政権（軍事政権）などによってなされた，大規模な人権侵害への国際社会の関心が高まってきたこと，グローバル化が進み，犯罪も国際的に行われるものが増えたことなどにより，国内裁判所にまかせておくのではなく，国際社会が刑事裁判によって正義を実現すべきだという声が高まりました。このため，ICCがつくられ

1. 国際犯罪とは？ 国際刑事裁判所（ICC）とは？

たのです。

次に、いつも置かれている（常設裁判所）ということですが、戦争を違法なものにし、人権・国際正義を実現するために、人類が初めて行った国際刑事裁判には、ニュルンベルク国際刑事裁判と東京裁判があります。この二つの裁判は、一方で戦争犯罪などに対する国際正義の実現という点では「画期的」なものでしたが、他方で「勝者の裁き」の色合いの濃い、一種の政治的なショーの面のあったことも否定できず、罪刑法定主義（⇒14章1(1)）などの点で、いろいろな課題を残した、ともされます。そして、この二つは、あくまで一時的なものでした。しかも、その後、冷戦が起こってしまったために、戦争を違法とし、さらには犯罪とするという努力が大きく前進することはありませんでした（1948（S23）年のジェノサイド条約では、ICCをつくることが予定されてはいましたが）。しかし、冷戦が終わった後に、旧ユーゴスラヴィア内戦やルワンダ大虐殺といった地域紛争・内戦での大規模な人権侵害が発生したことをきっかけとして、国際連合のもとで、臨時の特別な国際刑事裁判が開催され（ICTY, ICTR）、現在でもつづけられています。もっとも、これらも、特定の地域紛争・内戦を扱うものにすぎません。そして、これらの裁判所の問題点を解消し、常設の刑事裁判所を置こうという動きがさかんになり、ICCがつくられました。

このように、ICCは、これまでの国際法の考え方とは違う、きわめて新しいものとしてつくられました。しかし、ICCも、いいことばかりではありません。ICCには、制度的にも実際にも、いろいろな限界がつきまとっています（⇒1章4, 1(5)）。そもそも重大な人権侵害で、一般的にみて国際刑事裁判所が扱えるとされている国際犯罪だからといって、いつも必ず国際刑事裁判所が取り扱えるとはかぎりません。国際刑事裁判所がある事件を扱うことができるのは、ある条件が満たされた場合のみです（①犯罪がローマ規程に参加している国で行われた場合、②被疑者の国籍がローマ規程に参加している国のものである場合、③犯罪が行われた場所が、または被疑者の国籍が、ローマ規程に参加していない国であったとしても、その国が裁判を行うことを認めた場合などであって、(i)ローマ規程に参加している国がその事件をICCの検察官にまかせた場合、(ii)ICCの検察官が自ら捜査をはじめた場合、および①〜③に関わりなく、安保理が国連憲章第7章に基づいてICCの検察官に事件をまかせた場合など：ICCの管轄権の問題）。しかも、これらの条件が満たされ

ている場合にも，ICC は，国内裁判所が動かない，あるいは動けない場合にのみ，のりだすことができるのです（補完性の原則）。ICC だけでなく，そもそも刑罰自体が万能薬でないことは，国際犯罪への対処において，しっかり考えておかなければならないことです（もちろん，だからといってなくてよいというわけでは，けっしてありません）。ここから，真実委員会や真実和解委員会などについても考える必要がでてきます（⇒16 章）。

2．ICC と被害者の権利

> **Q2** ICC では被害者の権利としてどのようなものがありますか？
> **A2** 刑事手続への参加や守ってもらったり，支えてもらったり，助言してもらう権利，さらには，賠償や補償をうける権利があります。この権利を実現するために，ICC に被害者参加・賠償セクション，被害者・証人室，被害者のための公設弁護士事務所があります。また，被害者信託基金もつくられ，被害者の支援や補償を行っています。

まず，被害者は裁判に参加し，意見をのべたり（ローマ規程 68 条 3 項），賠償を求めたり（同 75 条 1 項），裁判の記録をみたりすることができます。また，被害者の弁護士は，被告人や証人などに質問したり，賠償の内容に不満があるとき，上訴したりすることができます（同 82 条 4 項）。また，被害者が裁判に関して安全を脅かされたりすることはあってはならないことですから，ICC は，被害者の安全，心身の健康，尊厳，およびプライバシーを守るようにしなければならないとされます（ローマ規程 68 条 1 項）（とくに，性的あるいはジェンダーに基づく暴力や子どもへの暴力の被害に配慮すべきとされます）。具体的には，被害者の名前を出さない，姿を隠して証言できるようにする，手続の一部を公開しない，カウンセリングを行う，などがあげられます。

これらの権利の実現を支援するために，上に書いたように，ICC に被害者参加・賠償セクション，被害者・証人室，被害者のための公設弁護士事務所がありますが，このうち，被害者・証人室は，被害者だけでなく，被害者に

ついて裁判所や検察官などにも助言をします（ローマ規程68条4項）。また，公設弁護士事務所は，被害者・その弁護士に助言したり，スタッフが被害者の弁護士になったりします。そして，ICCからは独立して，ローマ規程にもとづいて被害者信託基金（TFV）という被害者を支援する制度がつくられました（同79条）。TFVは，次の2つの仕事をしています。つまり，①ICCの命令にしたがい被害者賠償を行うこと，②被害者およびその家族への支援（ケガをした人へのケアやリハビリ，トラウマを負った人のケア，被害者への偏見や差別などをなくすこと，教育，職業訓練，コミュニティを再生するためのワークショップなど）です（外務省によれば，2013（H25）年2月現在まで，TFVは，約84000人の被害者等を対象に，もっぱら②の支援が行われてきましたが，2012（H24）年にルバンガ事件第一審判決が出されてからは，①についても実施される見通しとなりました）。TFVの活動資金は，①では，加害者への罰金・没収などだけでなく，国家，団体，個人等からもたらされたお金などで，また，②では，国家，団体，個人等からもたらされたお金だけでまかなわれています。

3．子ども兵とそのケア
―加害者でもあり，被害者でもある子ども兵―

Q3 最近，子ども兵がふえていると聞きましたが，そもそも子ども兵とは何ですか？　また，なぜ，ふえているのですか？　子ども兵は兵士として人を殺す加害者であるだけでなく，被害者でもあると聞きましたが，このことについても教えてください。

A3 子ども兵（「児童兵」ともいいます）とは，兵士になった18歳未満の者のことをいいます。いま，世界中に，25万人程度の子ども兵がいるとされています（とくにアフリカ，アジア，南米など）。子ども兵がふえた原因としては，①武器が運びやすく，また扱いやすくなったこと，②からだが小さく，動きが機敏なこと，敵に怪しまれにくいことなどから，前線で役に立つこと，③大人のいうことに素直にしたがいやすいので，大人の兵士がやりたがらないことにも使えること，④紛争が長びき，大人の兵士の数が少なくなってしまったこと，などがあげられます。子ども兵は，だれも好きこのんで兵士になるわけではなく，多くの場合，誘拐されたり，

売られたりして兵士にさせられるのです。また，中には，貧しさなどから自分で兵士になる子どももいます。子どもたちは，兵士である間も，やめたあとも，いろいろな苦しみを味わうことになります。このため，元子ども兵へのケアが必要です。

～～～～～～～～～～～～～～～～～～～～～～～～～～～

　子どもの権利に関する条約では，15歳未満の者を兵士にすることを禁止しています（38条）。また，深刻な状況をなんとかするため，2000（H12）年の「武力紛争における子どもの関与に関する子どもの権利に関する条約の選択議定書」では，禁止の年齢を引き上げました（18歳未満の者の戦闘への直接参加の禁止，18歳未満の者を無理やり兵士にすることの禁止，16歳以上でなければ自分から軍隊に入ることができないこと，など）。そして，ローマ規程では，15歳未満の子どもを軍隊に入れることや戦闘に直接参加させることを戦争犯罪としています（8条）。

　子ども兵は，私たちの想像を絶するような苦しみを，いっぱい味わっています。まず，子どもをさらうときに，子どもが家族のところに逃げ帰らないように，その子に，母親を殺させたりします。次に，子どもを兵士に仕立て上げるため，拷問や体罰が行われます。しかも，ただ単に，殴ったりするというだけでなく，感情を失わせ，闘う人形にするために麻薬中毒にしてしまうのです。また，子ども兵，とくに少女は，大人による性暴力にさらされます。このように，子ども兵は，日々暴力にさらされ，食べ物も満足に与えられず，一方的に人を傷つけ，殺す行為にせきたてられるのです。そして，兵士をやめた後も，トラウマに悩まされることになります。しかも，それだけでなく，元子ども兵の社会復帰は，とても難しいものです，これは，教育を受けてこなかった上に戦場での暮らししか知らないため，社会生活に適応できなかったり，地域社会が加害者である元子ども兵に対して寛容でないことなどが原因です。

　元子ども兵には，心のケアだけでなく，社会復帰のために教育や職業訓練が必要ですし，家族と再会し，地域社会に受け入れてもらえるように手助けする必要があります。また，少女であれば，のぞまない妊娠をさせられ，子どもを抱えているかもしれません。このようにシングルマザーとなってしまっている元子ども兵への手当ても必要です。これらのケアは，国連児童基

金やいろいろな NGO によってなされていますが，ほとんどの子どもがそのケアを受けられないままでいるとされます。

参考文献
- 大森正仁編著『よくわかる国際法』(ミネルヴァ書房，2008年)
- 長有紀枝『入門 人間の安全保障』(中公新書，2012年)
- 尾崎久仁子『国際人権・刑事法概論』(信山社，2004年)
- 村瀬信也ほか『国際刑事裁判所――最も重大な国際犯罪を裁く』(東信堂，2008年)
- 東澤 靖『国際刑事裁判所法と実務』(明石書店，2007年)
- P・W・シンガー『子ども兵の戦争』(NHK出版，2006年)

第16章　真実委員会

1. 真実委員会とは？

Q1 近年，平和構築の分野などで真実委員会の働きが注目されているとの話を耳にしました。真実委員会とは何でしょうか。

A1 真実委員会とは，民主的体制に移ったばかりの不安定な社会において，以前の体制のもとで行われた大規模な人権侵害の実態を明らかにするために設置される機関です。人権侵害の実態を明らかにするなどの点では，裁判と似た機能をもっています。しかし，裁判とは異なった独自の機能ももっており，1990年代から，紛争解決や平和構築の手段として注目されてきました。

　真実委員会とは，紛争を解決する手段の一つであり，特に独裁制や内戦状態から民主的体制に移ったばかりの不安定な社会で設置されます。たとえばアルゼンチン，チリ，南アフリカ，グアテマラ，ペルー，東ティモール，シエラレオネといった国々で設置されてきました。過去の人権侵害を調査し，その傾向や全体像を分析し報告するというのがその主な目的です（現在までのところ，真実委員会は次の6点の要素をすべて満たすものであると言われます（詳しくは参考文献①②④を参照）。つまり，(1)政権が移行する段階で，近い過去に焦点を当てる。(2)ある特定の事件よりも，ある特定の時期における暴力や不正の傾向や特徴を調べる。(3)裁判のように加害者への処罰を目的とするのではなく，誰にどの程度の責任があったのか明らかにすることを重視する。(4)膨大な被害者への心理的・身体的ニーズに配慮する。(5)期間が限定された組織であり（たいていは半年から2年），報告書の公開をもって活動を終える。(6)政府によって設置され，権限を与えられている，ということです）。ただしその機能や権限には各国ごとに大きなバリエーションがありますし，名前もさまざまです。

　一般的に，大規模な暴力や人権侵害を経験した社会が，それらに対応するやり方は大きく分けて二つあるとされます。一つ目はいわゆる「水に流す」やり方です。しかしこれは人権侵害の被害者に沈黙を要求するものであり，受け入れられるものではありません。二つ目はこれとは逆で，政権側をはじ

めとして，社会全体が，過去の人権侵害に向き合うというやり方です。現在までの代表的な方法としては，裁判が挙げられます。過去の大規模な暴力の責任者を特定し，それぞれの罪に見合った罰を与えるという方法です。しかし民主的体制に移ったばかりの社会においては，多くの理由から裁判を実施することがなかなかできません。たとえば，司法機関が機能していない，加害者・被害者の数が極端に多い，証拠や証人を集めるのが難しい，加害者を強引に訴追しようとすると社会が再び不安定になる（まだ力をもっているかつての加害者が裁判の実施に抵抗するため），などです。

　それに対し，1990年代後半から，真実委員会と呼ばれる機関を設置し，過去になされた暴力の詳細を明らかにするというアプローチが注目されてきました。その役割は，加害者を罰することよりも，被害者の尊厳や傷を回復し，その社会に生きる人びととの関係を修復することにあります。この意味で，「真実和解委員会」のように，「和解」という言葉が加えられることも多いです。体制移行期の社会において，暴力の責任者を処罰することで前に進もうとするのが裁判の実施であるとすれば，過去の事実を明らかにし，社会全体がそれと向き合うことで前に進もうとするのが真実委員会の試みと言ってよいでしょう。

2．事例について
　　　——アルゼンチン・南アフリカ・東ティモール

Q2 どのような真実委員会があるのでしょうか。

A2 まず，初期の注目すべき真実委員会として，1983（S58）年から翌年まで活動したアルゼンチンの「行方不明者調査委員会」（⇒(1)）やチリの「真実和解委員会」（1990～91年），エルサルバドルの「真実委員会」（1992～93年）があります。また，南アフリカ共和国において1995（H7）年から2000（H12）年までに活動した「真実和解委員会」は最も有名で，その後の真実委員会のモデルとなりました（⇒(2)）。加えて，エルサルバドルの「真実委員会」（1992～93年），グアテマラの「史実究明委員会」（1997～99年）も代表的な真実委員会です。さらに，近年アジアで設置された大規模な委員会として，東ティモールの「受容真実和解委員会」（2002～05年）（⇒

2. 事例について——アルゼンチン・南アフリカ・東ティモール

(3)) があります。以下では，アルゼンチンと南アフリカ，そして東ティモールの事例を見てみましょう。

―――――――――――――――――――――――――――――――――

(1) アルゼンチンの場合

　ラテンアメリカ諸国では，1970年代から80年代までの軍事政権下で，軍部による暗殺や「強制失踪」，拷問など，深刻な人権侵害が相次ぎました（参考文献⑤）。アルゼンチンも例外ではなく，1976 (S51) 年に軍が政権をとってから7年の間に，1万とも3万ともいわれる人々が軍兵士により行方不明にされました。1983 (S58) 年，新しく誕生した民主的なアルフォシン政権はただちに「行方不明者調査委員会」を設置し，かつての人権侵害の一部を明らかにしようと努めました。しかしながら，たびたび軍部からの抵抗にあい，調査はなかなかはかどりませんでした。軍部から何の協力も得られないばかりか，一部の軍部からは反乱も起こりました。

　それでも委員会は，捕虜収容所，秘密墓地，警察施設を調べ，世界中のアルゼンチン大使館と領事館，そして行方不明者の家族から聴き取りをしました。その結果，9ヶ月で7000件以上の証言を聴取し，8960名の行方不明者を記録したのです。また，軍による拘禁を生き延びた1500名以上にインタビューすることで，収容所と拷問の実態を明らかにすることができました。最終報告書には365の拷問施設が，多くは写真入りで掲載されました。委員会に対する一般市民の関心は強く，活動終了後に刊行された報告書『二度と再び』は，アルゼンチン史上の大ベストセラーとなりました。いくつかの限界はありましたが，この委員会は世界中の真実委員会の先駆的存在であると言えるでしょう。

(2) 南アフリカの場合

　南アフリカでは，よく知られているように，1948 (S23) 年から1991 (H3) 年までアパルトヘイト（人種隔離政策）が行われていました。黒人は，住む地域を限定され，労働，教育，生活のあらゆる側面で劣悪な環境に置かれました。そのような人種差別自体が深刻な人権侵害にあたるのは言うまでもありませんが，さらに，アパルトヘイト体制下では，体制に反対する者への大規模な

弾圧が繰り返し行われました。と同時に，反体制側からの暴力活動も行われたのです。45年近く続いたアパルトヘイトのうち，30年あまりは反体制派との武力闘争期であったといわれています。つまりほぼ内戦状態だったのです。1991 (H3) 年にアパルトヘイトが公式に撤廃されましたが，その後も暴力事件は絶えることがありませんでした (1994 (H6) 年に全人種が参加する総選挙が行われるまでの間でさえ，武力衝突により1万6千人以上の犠牲者が出たとされています。参考文献①)。

　1994 (H6) 年に総選挙によって大統領に就任したネルソン・マンデラは，「真実和解委員会」を設置しました。当時としては非常に大規模なもので，300名のスタッフから成り，2万1000人以上の被害者および証人から証言を集めました。そのうち約2000人は公聴会にて公開証言を行いました。

　南アフリカ真実和解委員会で注目されるのは，その規模だけでなく，条件つきの特赦制度を採用していた点です。1960 (S35) 年から1994 (H6) 年4月までのあいだに行われた加害行為のうち，政治的目的で行われたものについては裁判に訴えられないことになったのです。この点については「犯罪者が罰されないのは正義に反するのではないか」などさまざまな批判が沸き起こりました。しかし，少なくともこの制度のおかげで多くの真実が明らかになったのも事実です。またそれに伴い，加害者と被害者同士の理解が進み，部分的にせよ和解も達成されてきました。南アフリカの事例は，真実委員会が被害者の回復や社会全体の和解を進めることができる一例として，現在まで大きな注目を浴びています。

(3)　東ティモールの場合

　東ティモールは1975 (S50) 年から1999 (H11) 年まで，インドネシアに占領されていました。その間の人権侵害は非常に激しく，20万人もの人々が命を落としたとされています。1999年，国連が行った住民投票で8割の人が独立を支持したため，インドネシアの撤退と東ティモールの国家としての独立が決まりました。しかしながら，これに不満だったインドネシア軍と東ティモール民兵 (併合維持派) が焦土作戦を行いました。その結果，全土で1500人あまりが殺害され，25万人とも言われる難民が西ティモールに逃れたり，連れ去られたりしました。その後，国連の介入なども経て，2002 (H14) 年に東ティ

モールは正式に独立国家となりました。

こうした状況の中，インドネシア統治時代から1999 (H11) 年の住民投票直後の人権侵害を対象として，「受容真実和解委員会」が設置されました。これは南アフリカ真実和解委員会をしのぐほどの大規模なもので，スタッフは300人を超え，全人口の1%にあたる7669件の証言を受け付けました。国内各地で，公聴会と地域和解集会が多数開催されました。

「受容真実和解委員会」には，南アフリカの「真実和解委員会」には見られなかった特徴があります。それは「受容」という言葉に表れています。この言葉は1999 (H11) 年に西ティモールに逃れた難民の「受け入れ」を意味していますが，この難民にはかつて焦土作戦に加わった民兵やその家族も含まれているのです。それらの人びとは，独立後も報復を恐れて東ティモールに戻ることができませんでした。こうした状況に対し，委員会は，殺人，性犯罪以外の，比較的軽度な犯罪に加担しただけの人びとに対しては，条件つきで帰ってくることを認めました。かれらが犯罪を認め，謝罪し，地域での奉仕活動もしくは補償金の支払いなどをすれば，罪に問うことはせず，地域社会でやり直す援助をしたのです。このような活動は，分断した東ティモール社会を統合し，和解を進める興味深い作業としてとらえられています。

3．刑事裁判との関係

Q3 過去の人権侵害を明らかにするのは法廷や裁判に任せればいいのではないでしょうか。なぜ裁判とは独自の機関として真実委員会が設置されるのですか。

A3 真実委員会と裁判はともに多くの共通点をもちます。しかし，真実委員会は，人権侵害の全体像や原因を明らかにする，被害者の心理的・身体的回復を重視する，敵対する集団同士の和解を目指すなどの点で，裁判とは異なった役割をもっています。

真実委員会と裁判は，過去の不正を調べ，何らかの判断を行い，公的な記録を残すという点で共通しています。そのため，真実委員会に対しては繰り

返し「法廷で明らかにされる歴史的真実で十分ではないか」という疑問が投げかけられてきました。

　しかしながら，重なる部分があるにせよ，両者の性格は明確に分かれています。まず裁判は，起訴された特定の人物がどの法律にどの程度違反したのかが問題とされます。そこで重視されるのは，あくまで個別のケース（被告人の有責性と罪状）であり，それまで社会のあちこちで広範に行われてきた人権侵害の全体像や原因を明らかにするものではありません。また，基本的には被害者の心理的・身体的回復も重視されません。

　それに対し真実委員会は，膨大な聞き取り調査を踏まえて，何がどのようにして生じたかについて，できるだけ詳細に描き出すことを目的としています。このことは，それまでの政権が公式に認めてこなかった人権侵害の実態をあらためて認めることになり，それ自体，非常に大きな意義をもちます。また，一般の人びとには知られてこなかった歴史的事実を定着させると同時に，歴史に関する共通理解を作ることもできます。世界中の紛争が，過去についての対立した見方から生じてきたことを考えると，歴史について共通理解を築ける意義は極めて大きいと言えます。くわえて真実委員会は，間接的とはいえ社会の暴力を維持してきた人びと（いわば傍観者だった人びと）の責任を明らかにすることもできます。さらに，どうすれば大規模な暴力を防ぐことができたかを明らかにしたり，再び同じ過ちが起こらないように，制度変革や教育改革を促したりすることもできます。

　被害者の回復や敵対する集団同士の和解という点でも，真実委員会は重要な役割を果たします。被害者は真実委員会に自らの話を聞いてもらったり，それを一般の人に知ってもらうことで，「いやされ」たり，加害者となった人びとを「ゆるす」ことができるようになったりします。また，委員会の調査によって加害者や傍観者となった人びとに反省の機会を与えることもできます。被害者の規模を調べることで，賠償をするなど，かれらの精神的・物質的な必要を満たすこともできます。法学者のマーサ・ミノウは，裁判と真実委員会それぞれの利点を検討し，大規模な暴力の後に個人や社会が回復するためには，真実委員会の方が裁判よりもよい働きができると述べています（参考文献③）。

　もちろん，真実委員会に独自の限界があるのも事実です。たとえば，委員

会は罪を犯した者を名指すことはできても，（裁判のようなかたちで）罰することはできません。しかし深刻な犯罪を命令したトップの人びとさえも罰されないのであれば，その社会にわだかまりが残ってしまうでしょう。そのことがまた新たな紛争の火種となることだってありえます。したがって，裁判と真実委員会は独自な役割をもっており，それぞれの利点を互いに補うようにしていかなければならないのです。

参考文献
- 安部利洋『紛争後社会と向き合う——南アフリカ真実和解委員会』（京都大学学術出版会，2007年）
- 安部利洋『真実委員会という選択—紛争後社会の再生のために』（岩波書店，2008年）
- マーサ・ミノウ著／荒木教夫，駒村圭吾訳『復讐と赦しのあいだ—ジェノサイドと大規模暴力の後で歴史と向き合う』（信山社，2003年）
- プリシラ・B・ヘイナー著／安部利洋訳『語りえぬ真実　真実委員会の挑戦』（平凡社，2006年）
- 杉山知子『移行期の正義とラテンアメリカの教訓——真実と正義の政治学』（北樹出版，2011年）

第17章　国際支援

1．国際支援の特徴

Q1 国際支援の特徴としてどのようなことがあげられますか。
A1 世界政府のような存在がないことにより，国内における支援やケアとは異なる問題点が多くあります。

　本書では，社会的弱者を中心として，日本国内で様々な支援制度が整えられていることが述べられています。様々な法や制度を整えるのは政府の仕事です。
　ところが，国際的には，世界全体を支配する中央政府，つまり世界政府は存在しません。現代世界は主権国家によってばらばらになってしまっているのです。人権ということば一つをとっても，国によって解釈が異なったり，意味するところが大きく違っていたりすることが当たり前のことなのです。そのため，国際支援の枠組みとしても効果的とはいえないのが実情です。従って，国内における行政支援の制度は，国際的にはほとんど期待できないといっても言い過ぎではありません。
　だからといって，国際的な支援がないわけではなく，先進国を中心とする国家や国際機関（国際連合，世界銀行など），あるいは民間団体（本書18章）が対外援助を行っています。しかし，外国までの物理的な距離や情報入手の速度・精度等の問題もあり，迅速な支援にはいろいろな困難が伴うのが現実です。
　また，支援や援助を申し出ても，なかなか相手国に行き届かない場合も多くあります。相手国の政府にとっては，外国人の支援や援助活動に頼ってしまうと自分の政府への信頼が低下することもあるからです。少数民族が支配的な地域で外国人の活動をしてもらいたくないことから，支援の受け入れに消極的になる場合もあります。宗教的・文化的理由から欧米人の活動に反対する勢力が援助を妨害する場合もあります。国内で激しい民族対立や分離独立運動がある場合には，国全体に援助が等しく行き渡らないこともあります。
　行政が機能せずに政府自体が崩壊してしまった場合には，国際的な支援を

効率的に行き渡らせることがますます困難となり、支援に時間がかかったり、効果的な援助ができなくなってしまいます（2010（H22）年のハイチ地震の例）。

一方で、独裁的な国では、援助や支援が一般の国民には届かず、政府や行政の関係者のところで資金や物資が止まってしまうことも考えられます。

2．国際支援の最近の傾向

Q2 先進国や国際機関はどのような支援をしているのでしょうか。また、現在、国際支援ではどのようなことが重要とされているのでしょうか。

A2 先進国・国際機関の長期的な支援として途上国への開発援助があります。近年は、援助の際に「ガバナンス」「人間の安全保障」といった概念が重要視されてきています。

(1) 開発援助とガバナンス

先進国や国際機関は、災害の時などの緊急支援や人道援助も行いますが、継続的・長期的に、経済開発、環境などを含む包括的な支援を途上国へ行っており、これらは「開発援助」と言われています。経済成長や貧困の解消だけではなく、教育の普及や衛生状況の改善、保健医療の向上、環境破壊の防止等、援助の対象は幅広くなっています。開発援助には、先進国を始めとして国家が途上国を援助するもの、国際機関が支援するもの、NGO（非政府組織）などの民間団体が行うものなど、いくつかのチャンネルがあります。

例えば、日本の場合は、資金援助や技術協力のほか、国際機関を通して援助を行うなど、様々な援助をしています。

国際機関にも色々ありますが、途上国支援として重要な組織として世界銀行があげられます。世界銀行の特徴として金融機関であり、非政治的な組織であることがあげられます。つまり、政治には関わらないことになっています。例えば、世界銀行が民主化を求めると、非民主的な政府の途上国の反発を招き、援助活動ができなくなります。そこで90年代以降重要になってきたのが「統治」の意味を持つ概念の「ガバナンス」です。「民主主義」などの政

治的価値を援助に持ち込んでしまうと，とかく欧米の民主主義の輸出と考えられてしまって反発を招くことがあるため，ガバナンスという用語によって価値観や正義の押しつけをしないようにしています。説明責任，法の支配等ガバナンスの改善に努力をする途上国政府に対しては積極的に援助が行われるようになってきています。

(2) 人間の安全保障

　伝統的に，援助は国から国へと行われてきました。しかし，先にも述べた通り，途上国へ行われた援助が困っている一般の国民へ届くとは限りません。

　最近注目されている概念に「人間の安全保障」があります。かつては，国家と国家の間の安全をいかに確保するかということが課題でしたが，近年，国家が生活への大きな脅威となったり，脅威が簡単にかつ迅速に国境を越えて進展していくことが多くなってきており，国家の安全から人々の安全，つまり「人間の安全保障」が重要と考えられるようになってきました。具体的には，民族紛争の激化，難民の流出，公害を含む環境破壊，テロリズム，金融危機，貧困，感染症・伝染病の拡大などから人間を守り，尊厳を維持できるようにするものです。外部に原因のあることにより安全を脅かされている人々に目を向けるという点で，人間の安全保障とはケアの概念に通じるものがあります（本書第1章の4）。

　具体的に人々の安全を確保するためには，保護と能力の強化の両方が重要とされています。つまり，国家や国際機関，NGOや民間企業が人々を保護する一方で，脅威や困難に直面した人々が，自分自身で問題の解決に取り組み，潜在能力を活かすことにより，危機を回避したり，乗り越えたりすることができるようになるからです。例えば，経済危機に見舞われて職を失っても，能力があれば新しい雇用の機会を得やすくなりますし，また保健・医療に関する知識がある人は，感染症や伝染病を予防することができます。能力を強化しなければ，同じような災害や危機が再び発生した時に対応することができずに，同じような犠牲が繰り返されてしまいます。

3．国際的な人権問題への対応

Q3 世界には人権侵害が起こっている国もあるようですが，そのような国に何かできることはないのでしょうか。外国における人権侵害は，それが大規模な虐殺であっても黙って見過ごすしかないのでしょうか。

A3 世界における人権の問題を考える際には，人権の意味の違い，文化・宗教・歴史などの違いがある上，国内と国際の違いから来る限界・問題もありますが，他国の人権侵害に対して行動が取られることもあります。

ひとことに人権と言っても，国によってその意味が異なることへの注意が必要になります。欧米諸国においては，人権とは政治的自由や言論の自由，表現の自由など，個人に関わる人権を主に意味しています。これに対して途上国では，国全体の経済発展や広く社会の安定を重視する考えから，個人の政治的自由などは多少制限されるのもやむを得ず，集団的な権利を優先する意味で人権を解釈する場合があります。また，他国から支配されるのではなく，民族自決権などの集団的権利の実現が重要であると考えるグループも世界にはたくさんあります。この人権の解釈によれば，個人の人権よりも民族集団の権利は上位に位置しているのです。実際，歴史的にも多くの途上国が欧米の政治的権利に対抗して，経済や社会，文化での権利を主張してきました。

従って，先進国の目からは明らかに人権の侵害が繰り返し起こっていても，その国が「経済発展のためには，個人の権利が制限されるのはやむを得ない」とか，「社会の安定のために政治的自由の制限が必要だ」と主張する場合，その政策を変更させることは容易ではありません。政策を変更させるには，究極的には武力行使さえ必要となるからです。他国の内政に干渉することは原則として禁じられていますが，他国の人権を問うことは内政干渉となり，様々な国際問題を引き起こすことになります。

しかし、何もできないというわけではなく、人権侵害を問題として、外交ルートを通して公式に非難したり、経済制裁を加えたりすることはできます。また近年は、人権侵害の規模が非常に大きく、それが虐殺だったりすると、国連の場や多国間で協調してその行為を非難し、時には武力行使に訴えてでもそのような人権侵害をやめさせることもあります。これを「人道的介入」といいます。

従来の国際法の考え方によれば、個人は国家に保護されるものであり、国際的な支援の対象外とされてきました。個人を支援するには、国家の意に反しない範囲内で行う必要があるのです。一方で、20世紀の半ば頃から、特に第二次世界大戦におけるナチス・ドイツによるユダヤ人の虐殺などを経て、国際的に人権の規範がつくられ、人権への意識もますます高まってきています。そして、最近ではジェノサイドや大規模な人権侵害は人類の良心に反するものとして、強い国際的な非難を受けるようになりました（本書第15章）。

人道的な介入の例として、旧ユーゴやソマリアの例があります。ただし、人道的な介入には国境を越える武力行使が伴います。つまり、介入する勢力も、人権侵害を行う勢力に対して武力行使を行うため、紛争とは無関係な民間人が犠牲になったり、あるいは介入する勢力の犠牲者が増える事例もあります。そのような犠牲を払ってでも人道的介入を行う意義があるかどうかは、非常に難しい政治的判断を伴います。また、国家の力関係に左右されやすい国際政治においては、大国が人道的な大義を掲げているように見えても、実は大国の国益の確保や増進を実際の目的として介入を行うこともあります。

4．キャリアとしての国際支援

Q4 国際支援には様々な問題や限界があるようで、果たして意義のあることなのかどうかわからなくなってきました。それでも私は将来国際支援に関わりたいのですが、どのような点に注意すべきでしゅうか。

A4 国際支援を志し、実際に関わっている人は世界中にたくさんいます。問題や限界を現実的に認識した上で、自分自身や支援される

人々の能力が発揮されることも目的となるでしょう。

〰〰〰〰〰〰〰〰〰〰〰〰〰〰〰〰〰〰〰〰〰〰〰〰〰〰〰〰〰〰〰〰

　国際支援に携わるにあたって，まずは国によって文化・習慣・風習等に違いがあるという現実を認識することが重要だと思います。国内における支援とはまた違った問題・困難に数多く直面することを認識することが必要です。しかし，その分，目的が達成された時の充実感もまた大きくなるでしょう。

　国際支援は常に様々な問題に直面し，限界もありますが，支援が国家間の友好関係に良い影響をもたらすこともあります。例えば，トルコとギリシャは領土問題等から歴史的に対立してきましたが，2000 (H12) 年にトルコで大地震が起こった際にギリシャが援助をしたため，両国の関係に一定の良い影響を与えたとされています。また，日本における 2011 (H23) 年の東日本大震災の後にも，途上国を含む非常に多くの国から日本に支援が届いたことは記憶に新しいところです。

　欧米社会では，国際的な NGO は財政的にも人員的にも大規模な団体が多くあり，またそういう場で活動したいと考える若者が多くいますが，日本でも同様になってきています。日本の援助に関しては様々な問題がありますが（本書第 18 章），傾向としてある程度の豊かさを達成している先進国では，企業で働いて得る収入よりも，自分の活動にやりがいを求める人が多くなってきています。そういう意味で，支援をする人も支援を受ける人も，経済成長だけではなく，人間としての発展・成長，そして能力の発揮ができるかどうかが重視される時代になったといえるでしょう。

参考文献
・人間の安全保障委員会報告書『安全保障の今日的課題』（朝日新聞社，2003 年）
・松隈　潤『人間の安全保障と国際機構』（国際書院，2008 年）
・山田高敬，大矢根聡編『グローバル社会の国際関係論〔新版〕』（有斐閣，2011 年）

第18章　国際支援/協力 (民間)

1．民間の国際支援とその長所・短所

Q1 民間の国際支援には，どんなものがありますか。その長所・短所は，何でしょうか。

A1 ひとくちに民間の国際支援といっても，ほんとうにいろいろなものがあります。どんなことをしているのか，現地との協力関係はどうなっているのか，団体の大きさ，現地との関わり合いはどのくらいのものなのか，などの点で，いろいろです。多様で，柔軟で，独立していることが特徴といえ，そこが長所でもあります。反対に，短所としては，誰に対して責任を負っているかが明らかでないこと，それゆえ，ゆるぎない信頼を勝ち得ることができていないことなどがあげられるでしょう。また，とくに日本の場合，たとえば，いつもお金がないこと，活動にたずさわる人たちの人権が守られていないこと，などもあげられるでしょう（⇒本章 Q4 も参照）。

(1) 民間の国際支援の特徴

　国際支援を行う NGO では，世界の，さまざまな地域の人々が自由にむすびついていっています。これは，国家などのように上から下へ指示がなされる形の活動や，企業などのように，どのくらいもうけられるかを基準とする活動とは，かなり違います。NGO は，それぞれの団体が自分たちで判断をし，何をやるか決めていきます。もっとも，国際社会での支援活動では，NGO も国や企業と協力するようになったため，いろいろな種類の NGO が生まれています。これらの NGO は，たとえば，国に，こうした方がいいとか，これをすべきだなどといった政策提言をしたり，企業がもうけようとするあまりに何か悪いことをしていないかなど，企業の活動を見張ったり，あるいは，国際機関や企業といっしょにプロジェクトを行ったりしています。

　活動の内容は，地球温暖化の防止，対人地雷の除去，マラリアや HIV などの疾病予防，公衆衛生の向上，貧困の緩和，フェアトレード，ソーシャルビジネスなど，いろいろです（ある分野の活動だけしているところもありますし，そう

でないところもあります）。

(2) 長所と短所

　NGOが注目されるようになった背景には，市場や政府だけでは，世界中のひとびとのもとに必要なものが十分にとどけられてこなかったということがあります。たとえば，みんなが自分のもうけだけのために活動していると，もうけの少ないところでは，道路や下水道など，私たちの生活になくてはならないものをつくってくれるひとがいないといったことが起こるかもしれません。また，逆に，政府がそういったところに道路などをつくるとしても，もともともうけのない，あるいは大赤字のところでつくったりするわけですから，政府がいつも赤字に悩まされたり，組織が大きいため思うように動けず，税金をつぎ込んでもそれに見合うだけの成果が得られなくて一般のひとたちの不満が高まるなどといったことになるおそれもあります。これらを，「市場の失敗」とか，「政府の失敗」といいます。そして，これらの失敗を，NGOがうめてくれるかもしれないという期待が高まっているのです。NGOは，いろいろな活動をし，しかも上からの命令や規則・先例などに縛られず，自分たちの判断で，状況をみつつ，柔軟に動くことができます。これが，NGOの長所です。

　もっとも，NGOもよいところばかりではありません。NGOの短所としては，第一に，誰に対して責任を負っているのか，よくわからないという問題があります。たとえば，会費や寄付などによって活動を支えてくれる人たちへの責任を重んじるのか，活動の対象となる現地の人たちへの責任を重んじるのか，誰に対して，どのような責任を負うのか原則がまだ確立していません。そして，たとえば海外での活動においては実態などが見えにくいため，どの程度まで説明責任を尽くすべきなのか，などが問題となります。そして，このことに関連して，第二に，信頼の問題があります。たとえば，国際会議や国際交渉などの場にNGOが参加する場合に，NGOは，そもそも誰を代表しているのか，責任は誰がどのように負うのか，実行力はあるのか，などということが問われることになります。

　そして，とくに，日本のNGOの場合，まだまだ未熟であるために，さらにいろいろな問題を抱えています。ひとつには，深刻な資金不足があります。

海外のNGOとは違って，日本では寄付なども思うように得られないことから，いつもお金がなく，思うように活動できません。また，まことに皮肉なことに，ひとびとの権利を守るために活動している人たちの権利が守られていません。たとえば，活動中に事故にあったり，病気になったりした場合，戻ってきても誰も支援してくれません。これには，資金不足も影響していますが，NGOの活動を活発にするための制度が整っていないことも原因のひとつといえます。

2．国際支援をするためには

(1) 準備しておくことなど

Q2 大学を出てから，海外で人の役に立つような活動をしたいと思うのですが，そもそも社会経験もない人間に海外でのボランティアないし支援活動ができるでしょうか。

A2 支援活動を行うときに，もちろん社会経験などがあった方がよいかもしれません。また，社会経験や専門技術などがあるとボランティアでも有償ボランティアとして参加できるかもしれません。しかし，特別な技術がなければ絶対ダメというわけではありません。大学生活の中で，将来支援活動に参加するためにいろいろ準備しておくとよいでしょう。

Q3 では，いまのうちに，なにを準備しておけばよいでしょうか。

A3 つぎの3つが考えられます。①語学力/異文化コミュニケーション，②目的の明確化，③健康，などです。

① 語学力/異文化コミュニケーション

一般的にいって英語を使う場合が多いので，英語のスキルアップは普段から図っておいた方がよいでしょう。また，日本のNGOは，アジア圏の支援をすることが多く，そうすると英語以外の言語が必要になる場合もあります。

自分が希望する団体がどの地域を中心に活動しているのかを調べた上で、その地域の言語を学ぶのもよいでしょう。また、新しい文化に触れた時の自分自身の心の変化や、日本に戻る際の心の変化について準備し、周囲の仲間や家族と円滑なコミュニケーションを保つために、異文化コミュニケーションについて学んでおくと良いでしょう。

② 目的の明確化

まえにみたように、民間の団体はそれぞれ得意としている分野・地域があります。自分がどの方面の国際支援をしたいのか、という目的を明確にすることは、どの団体で活動することを目指すか、ということにもつながります。たとえば「教育について考えたい」「医療の向上を目指したい」など、自分の勉強している分野を考えつつ決めると良いでしょう。

③ 健康

多くのNGOは、おもに現地で活動しています。団体によっていろいろですが、日本とは違う環境（気候・食事・治安など）で生活する場合がほとんどです。異文化での生活は、人によっては大きなストレスとなる場合もあります。どんなに準備して行っても、ストレスは積もり積もるものです。心身ともに健康であるよう、日頃から体力作りや健康チェックを行うとともに、自分のストレス発散法を見つけておきましょう。

(2) 注意すべきこと

> **Q4** 国際支援活動を行う際に、注意すべきことは何ですか。
> **A4** 一般的な注意事項は、国内での災害支援の場合とほぼ同じですが、とくにつぎの4つのことに特に気をつけましょう。つまり、①相手の文化をよく理解すること、②継続的に支援ができるよう計画を立てること、③他の団体ともコミュニケーションをとること、④自分が所属する団体について調べること、などです。

① 相手の文化をよく理解する

国際支援は、日本と全く違う文化の中で行われます。当然、その国の文化や風習を理解する必要があります。渡航前に相手国について学び、予測され

る体験に備えましょう。また、いくら準備して行っても、異文化の下でのストレスは積もり積もるものです。現地では相談できる相手を見つけ、日本との通信手段を確認しておけると良いでしょう。

② 継続的に支援ができるよう計画を立てる

よく学校建設のプロジェクトなどをテレビ番組でも放映したりしていますが、大切なのは物資ではなく、その物資がもたらす結果です。たとえばその学校の場合、運営をしていく人はいるか、その人に払う給与はあるか、学校に通えない子どもはどれぐらいいるか、子どもの学力レベルはどれぐらいかなど、数々の調査が必要となります。あらかじめ調査を行い、計画を立て、資金のめどがついた時点で、プロジェクトは実行されます。

③ 他の団体ともコミュニケーションをとる

現地で出会う他のNGOを「競争相手」とみてしまうと、協力が難しくなってしまう場合もあるでしょう。しかし、大きく見ればグローバル社会の問題意識を共有している「仲間」ですし、少なくとも個々人においてはつながりを増やしていきたいものです。そして、団体でも、(たとえば脱原発のアクションとか)具体的なテーマについていっしょに何かするということもあります。そもそも、現地のニーズにはいろいろなものがあり、こちらができることと現地で求められることが食い違う場合もあります。そうした場合には、自分たちだけでなんとかしようとするのではなく、専門的な知識や技術、経験などをもった他の団体につなげることが重要です。

そして、国際支援においては、政治や経済などの矛盾をより鋭い形で目の当たりにすることになるかもしれません。ただひとり黙っているのではなく、積極的に情報発信し、他の団体、さらには国際世論に問いかけ、つながる姿勢も持ちたいものです。また、たとえ自分の立場がボランティアやインターンであっても、活動の際には、その活動の相手は、こちらを所属団体の顔としてみてしまうこともよくあります。文化風習・礼節を弁えた対応を心がけましょう。また、相手の意見を尊重しながら自分の意見をしっかりと相手に伝え、議論できるような訓練をしておくと良いでしょう。

④ 自分が所属する団体について調べる

学生時代から国内外でのボランティアやインターン、スタディーツアーなどで経験を積み国際支援の道に進む人もいます。自分が参加したい団体がど

のようなプロジェクトを運営し，その中で自分が関わる際にどのようなことが出来るか・したいか考えて参加することは，実際に思うように活動できなかったとしても貴重な経験・学びとなります。準備の時からよく学習・検討し，経験後もしっかりと振り返りをすることで，その後の進路検討につなげていけるでしょう。

　また，いわゆる「ボランティア精神」がおうせいな方だと，その団体の給与や待遇については，無頓着になるかもしれません。しかし，現地に行って実際に仕事をするのは自分自身であり，その待遇が保証されなければ，有意義な活動も出来ません。特に中長期での参加をしようとする場合は，給与や社会保険など金銭面についてよく確認しましょう。そして，現地での安全対策・健康管理について，その団体がどのような方針をとっているのかも重要なことのひとつです。安全に関しては，自分の行動によって団体の活動や他の団体の活動へも影響が及び，ひいては現地の人々にも影響が及ぶことも考えられます。日頃からニュースを見て世界情勢を学び，渡航に関する情報なども信頼できる情報源を見つけて，安全には十分気を配りましょう。

　残念ながら，日本のNGOは，他国に比べてまだまだ未発展の部分が多いのが現状です。あなたの人生は未来へと続いて行きます。ぜひ色々調べて，その後の人生も見通して意思決定し，自分の道を歩んで行ってください。

参考文献
・伊勢崎賢治『国際貢献のウソ』（ちくまプリマー新書，2010年）
・馬橋憲男『ハンドブックNGO』（明石書店，1998年）
・友松篤信『国際開発ハンドブック』（明石書店，2005年）
・毛利聡子『NGOから見る国際関係：グローバル市民社会への視座』（法律文化社，2011年）

事項索引

あ

アクティビティ……………………38
アルゼンチン………………155-156
安全配慮義務……………………110
安楽死……………………………75
医行為……………………………10
いじめ…………………31-34,46
いじめ防止対策推進法……………31
一般予防………………………133
インクルーシブ教育…………58-59
NGO………………164,171-173
応報……………………………133

か

介護福祉士………………………10
介護保険…………………………11
改善指導…………………………98
開発援助………………………164
学習権………………………46,57
学習サイクル……………………38
過失……………………………134
ガバナンス……………………164
過労自殺…………………109-110
規範意識……………………29-30
教育を受ける権利………………15,46
共感能力……………………39-40
教師の多忙化……………………46
行政の不作為………………13-14
ケア………………………………3-4
　　──の対象……………………3-4
　　──の固定化…………………4
ケアワーカー……………………18
刑事責任………………………135
刑罰……………………133,135
ケイパビリティ…………………21
刑法……………………………133

故意……………………………134
更生保護施設…………………100
高齢受刑者………………………84
国際機関………………………163
国際刑事裁判所……………22,144
国際混合法廷……………………23
国際支援…………………163-165
国際人権規約…………………19,46
国際正義……………………20-21
国際的人権…………………166-167
個人の尊重………………………16
国家賠償………………138-140
子どもの権利条約…………20,46,148
子どもの人権……………………39
こども兵（児童兵）…………147
コンサルテーション……………48

さ

災害救助法……………………115
災害対策基本法………………113
災害弔慰金……………………116
罪刑法定主義…………………133
作為義務………………………134
参加体験型学習（参加型学習）…37-38,40
ジェンダー……………40,64,65,67
資格制限………………………101
自己決定権……………………8,71
自殺対策基本法………………108-109
社会権……………………………15
社会福祉士………………………99
社会復帰………………………99,105
住宅再建支援…………………122
修復的実践………………………32-33
修復的正義・修復の司法
　　……………21,22-23,32-33,100
終末期……………………………74
障害……………………………87

障害者基本法	89	二重規範	64, 65, 67
障害者虐待防止法	90	人間の安全保障	21, 165
障害者総合支援法	92	ネグレクト	79, 90
職業訓練	98		
身体的虐待	79	**は**	
人道的介入	21, 167	被害者信託基金	147
心理的虐待	79	被災者生活再建支援法	118
スクールソーシャルワーカー	48	東ティモール	156-157
生活保護	13, 16	東日本大震災	118
生存権	15	貧困率	46
性的虐待	79	不作為犯	134
性別役割分業	64	不登校	45
性暴力	63, 67	平和構築	153
責任主義	134	ヘルパー	10-11
セルフネグレクト（自己放任）	80	法人処罰	136-138
ゼロトレランス	29-32	崩落事故	139
セン（アマルティア）	21	ボランティア	125, 176
た		**ま**	
痰の吸引	10	南アフリカ	21, 155-156
地域包括支援センター	80	ミノウ（マーサ）	158
DV 防止法	65-67, 82	メノナイト	21
デート DV	63	**や**	
注意義務	134	薬害	14-15, 135
治療の中止・差し控え	74	**ら**	
東海村 JCO 臨界事故	135, 137	リビングウィル	74
特殊教育	53	臨床心理士	49
特別支援教育	53-54	労災	109-110
特別養護老人ホーム	82	労働権	15
特別予防	133	**わ**	
ドメスティック・バイオレンス（DV）	65-68	和解	156, 158, 159
な			
NARPI（ナルピ）	21		

執筆者紹介（50音順）

赤間祐介（東京学芸大学講師，政治学・比較政治）　12章

石戸　充（青山女子短期大学非常勤講師，生活経済学）　1章4(1)(iv)，13章，18章1

宇田川光弘（東京学芸大学特任講師，国際政治学・開発援助政策）　17章

江連　崇（専修大学大学院文学研究科社会学専攻博士後期課程，社会福祉）　9章

岡部雅人（姫路獨協大学准教授，刑法）　14章1・2

河合正雄（弘前大学講師，憲法）　10章

佐藤雄一郎（東京学芸大学准教授，民法・医事法）　1章2(4)-(6)，7章

宿谷晃弘（東京学芸大学准教授，修復的正義・刑事法）　1章4，11章，13章，15章，18章

髙橋雅人（早稲田大学助手，憲法）　1章2(1)-(3)，(7)-(9)，14章3

瀧上佳子（社会福祉法人青い鳥　小児療育相談センター看護師，医療ボランティア）　18章

竹原幸太（東北公益文科大学准教授，児童福祉・教育学）　2章

土屋明広（岩手大学准教授，法社会学・教育制度論）　4章

堤　英俊（聖路加看護大学非常勤講師，障害児教育学）　5章

成定洋子（東京学芸大学特命准教授，文化人類学・ジェンダー論）　6章

野田健二（NPO法人　被害者・加害者対話の会ボランティア）　13章2・3

原口友輝（中京大学講師，道徳教育・教育方法）　3章，16章

増田　隆（帝京大学助教，刑法）15章

松村芳明（東京工業大学非常勤講師，憲法・情報法）　1章3

安原陽平（東京学芸大学特任講師，憲法・教育法）　8章

山辺恵理子（東京大学大学院教育学研究科博士課程在籍，スタンフォード大学客員研究員，教育学）　1章1

人権Q&Aシリーズ2
ケアと人権

2013年10月10日　初版第1刷発行

編著者　宿谷　晃弘
　　　　宇田川　光弘
　　　　河合　正雄

発行者　阿部　耕一

〒162-0041　東京都新宿区早稲田鶴巻町514番地
発行所　株式会社　成文堂
電話 03(3203)9201(代)　FAX 03(3203)9206
http://www.seibundoh.co.jp

製版・印刷・製本　三報社印刷　　　　　　　検印省略
☆乱丁・落丁本はお取り替えいたします☆
© 2013 Syukuya, Udagawa, Kawai　　Printed in Japan
ISBN978-4-7923-0558-1　C3032

定価(本体1400円+税)